トランプ経済 グレート・クラッシュ後の世界

岩永憲治

集英社

はじめに……

私が初めて書いた書籍『金融暴落！　グレートリセットに備えよ』が刊行されてから、ちょうど2年が過ぎた。２０２３年３月当時は、２０１９年末から２０２２年まで続いた新型コロナウイルス（ＣＯＶＩＤ－19）のパンデミックが終わり、世界の物流が正常化し、各国間の貿易もようやく正常になりつつある頃だった。コロナ禍では、世界中の工場は閉鎖され世界的に物がない状況だったにもかかわらず、米国のバイデン政権による現金給付政策（いわゆる「ばらまき政策」）が実施された結果、どの国の人々よりも消費意欲が旺盛な米国民のそれまでの我慢が噴き出るかのような「爆買い」が起こり、その結果、２０２２年７月13日に発表された６月の米国のＣＰＩ（消費者物価指数＝インフレ率）は、前年同月比９・１％にまで上昇した。

エクセッシブに高騰したインフレを抑え込むため、遅きに失したとはいえ、ＦＲＢ（米国連邦準備制度理事会）は矢継ぎ早な利上げを行い、２０２２年３月から２０２３年の３月までのわずか一年の間で、ＦＦ金利※1（政策金利）は、５・０％を超えるほど高くに誘導された。これは2008年のリーマン・ショックの暴落局面の前の2006年に金利が急騰した時と同じパターンで、その当時の悲惨な光景が重なったものだった。

そして2023年3月時点での日経平均株価指数の価格は、2万7000円から2万8000円のレベルに位置しており、下落リスクを抱えたダウン・トレンドの中にあった。米国株式市場の象徴であるNYダウ平均株価の価格もまだ下落リスクを抱えてダウン・トレンドにあり、3万1000ドルからようやく3万3000ドルまで戻した程度のレベルであった。そして人々の今後の世界経済に対するセンチメントは「悲観」で、不安が人々の心境を覆っていたことから皆、総弱気となっていた。

リーマン・ショックの再来か？と映る米国株式市場の状況下で、世界でもトップクラスの外資系企業のCEOの70%以上が「米国経済はリセッション（景気後退）の局面に陥るのは必至」と見なしていた。またそのように、多くの外資系メディア（ブルームバーグ、ロイター、ウォール・ストリート・ジャーナル）が連呼していたのも記憶に新しい。

まさにこの時、私は尊敬する米国人投資家ジョン・テンプルトン卿の言葉として有名な「強気相場は悲観の中で生まれ、懐疑の中で育ち、楽観の中で成熟し、陶酔の中で消えていく」という格言を思い出した。さらに江戸時代における米相場の天才、本間宗久の「野も山も皆一面に弱気なら、阿呆《あほう》になりて米を買うべし」という名言も思い浮かんだ。

しかし私はまだ皆が不況に陥ると騒いでいた2022年末から、「米国の基幹産業である軍需産業を中心とした経済がフル稼働すれば、その経済規模は大きく、影響の及ぶ範囲が広いため、米国経済は好況となり、NYダウは4万ドルを超え、史上最大の強気バブル相場となるであろう」と書籍の中で説明していた。実際、FRBが利上げしたにもかかわらず、米国経済は景気後退となることはおろか、物価も株価も上昇し、賃金も上昇して完全にインフレ局面となった。


そして、今回、第二弾となるこの書籍『トランプ経済 グレート・クラッシュ後の世界』が発刊される2025年3月末くらいには、先ほどのジョン・テンプルトン卿の格言の後半「強気相場が陶酔感・幸福感（ユーフォリア）の中で消えていく」状況にあるのではないかと思っている。

残念ながら米国経済は臨界点・限界点を示現した後のリセッションに陥っており、NYダウは高値から値崩れし始めているさなかであろうと推測しつつ、この原稿を執筆している（2024年12月）。

２０２５年に二期目となったドナルド・トランプ大統領の「ＭＡＧＡ（Make America Great Again)」政策とは、諜報《ちょうほう》機関・情報機関をも含む既得権益層と戦うための、アメリカ合衆国の大改革であることを意図しているだろうから、実行にはかなりの危険と痛みが伴うだろう。

そして米国が孕《はら》む崩壊のリスクは、次のようなものだ。まずバイデン政権までに積み上がった政府の借金は天文学的な金額である。民間部門では、逆イールド[※2]現象から積み上がった債務により、３００行以上の銀行が倒産に追い込まれかねないリスクを抱えている。それらが持つ商業用不動産絡みの莫大《ばくだい》な損失は、計り知れない。

世界のＧＤＰの総額の35％にも及ぶヨーロッパ諸国を超えるほどの経済圏を拡大してきたＢＲＩＣＳ[※3]プラス諸国。彼らが発行する予定のデジタル通貨の決済システム「ＢＲＩＣＳブリッジ」がユーロ並みに流通した折には、米ドルや海外で流通している「ペトロダラー」の価値が棄損し、さらなる流通経路の崩壊は、世界ナンバーワンの経済力と軍事力を持つ米国の牙城を崩しかねない危機となるだろう。中東やアジアにおける地政学の変化や、戦争や紛争の拡大の可能性も否定できない。

そうした世界情勢の変化から、今後の2年ないし3年は、世界の景気が後退する厳しい現実が避けられないと思っている。そして株式市場であるNYダウやS&P500などの指数が、リーマン・ショックを超える50%から80%程度、暴落するであろうという、私の見立ては変わらない。

そこで、このリーマン・ショックを超えるクライシスを回避するため、個人ベースの資産について提案したいのは、後の本文でも繰り返し言及しているが（73ページ）、まず現金の割合を高め、残りは愚直に分散投資をすることである。

それでも突然の株価の大暴落や政治・経済の想定外の不確実性からご自身の資産をプロテクトできなかった場合に備えて、次世代の「マグニフィセント7」に成長する可能性のありそうな分野・セクター・企業を考察した。第5章はグレートリセットの後の世界を具体的に思い描くのにも役立ち、経済の荒廃後の新たな希望ともなる業種や企業を見つけ出せる項目なのでぜひ参考にしていただきたい。

この本は、投資を直接指南するものではないが、皆様の人生や資産の運用のヒントになれば心より嬉しく、こうして手に取っていただけたことを、深く感謝したい。

2025年2月　東京にて　岩永憲治

※1　FF金利……フェデラル・ファンド・レート（Federal Funds Rate）と呼ばれる米国の民間銀行が資金を融通し合う際に適用される短期金利を指す

※2　逆イールド現象（インバース・イールド・カーブ）……短期金利の水準のほうが、長期金利の水準より高くなった状態

※3　BRICSプラス諸国……BRICS原加盟国のブラジル、ロシア、インド、中国、南アフリカに、2024年1月から加わったエジプト、エチオピア、イラン、アラブ首長国連邦（UAE）と、2025年1月から加盟したインドネシアの計10ヶ国

目次

第2章 すでにリセッション入りしていた米国経済

第3章 覇権国家・米国の危機、ペトロダラーの弱体化とBRICS諸国の台頭

第6章　英国エコノミスト誌の表紙が暗示する世界経済の未来

※本書内のドルと円の換算は、基本、150円で計算しています。
※敬称は略し、肩書きは、当時のものを使用しています。
※本書の内容は、あくまでも著者個人の見解であり、直接投資を指南する目的で書かれたものではありません。投資は、個人個人がよく考え、自己責任にて判断をなさるよう、お願い申し上げます。

第1章

トランプを再び大統領に押し上げた米国経済の行方

■トランプが大勝を収めた理由

２０２５年1月20日、第47代アメリカ合衆国大統領としてドナルド・トランプの就任式典が開かれ、正式にトランプ大統領の政権が発足した。

彼をとりまく閣僚も決まり、新しい経済政策も本格的に始まった。しかし彼が大統領に就任するまでには、さまざまな紆余《うよ》曲折があり、２０２４年11月の選挙前の時点で彼が大統領に再び選ばれることを確信するメディアは、ほとんどなかった。

ここで改めて２０２４年11月の米国大統領選挙を振り返ってみよう。

いつもながら選挙直前までの日米のメディアのリベラル派に偏った情報には、困惑するところである。

２０２４年11月5日、米国大統領選挙を直前に控え、リベラル系外国メディアはトランプとカマラ・ハリスがまれに見る大接戦を演じていると報じた。米国主流メディアは直前まで一斉に「48％対48％」の大接戦と喧伝《けんでん》した（図1）。しかしそれは大接戦になってい

図1　2024年米国大統領選挙におけるRCPの賭けの平均

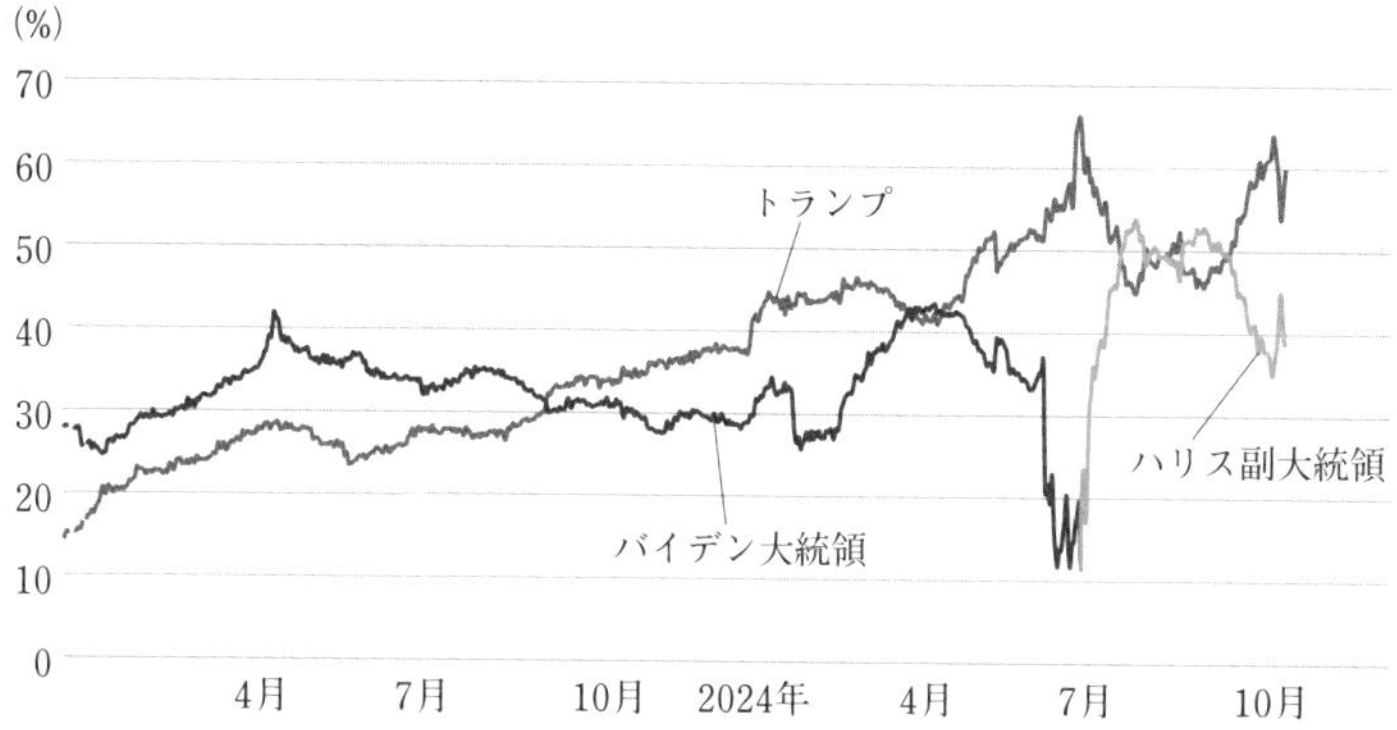

出所：2024 RealClearPolitics, LLC.をもとに筆者作成

る地域だけを恣意的に切り取っていたにすぎなかった。

選挙戦を通して、同メディアは民主党びいきの有権者のコメントを取り上げる一方で、共和党陣営に関してはネガティブな話題を流し続けた。

あまりにも偏向する海外メディア報道。私は大きな違和感を抱かざるを得なかった。しかし私に言わせれば、2016年のヒラリー・クリントン対ドナルド・トランプの選挙時の「90％対10％でヒラリー断然優勢」との報道よりはましだったとは思う。

とはいえ日本では特に、相変わらずの偏向報道が目立っていた。実例を挙げると、2024年9月11日のトランプとカマラ・ハリスのテレビ討論会の後、以下の報道がなされた。

「ハリス氏『勝利』63％　討論会後の調査　トランプ氏に大差」（朝日新聞デジタル、2024年9月11日）

「『米大統領選はハリス氏がかなり優位』　筆者が考えるその3つの根拠」（日経ビジネス電子版、同前）

「支持率は、ハリス氏48・7％・トランプ氏48・6％（リアル・クリア・ポリティックス10月18日〜11月4日）」（TBSニュースPIG、2024年11月5日）

ところが選挙当日の開票速報は次のとおり。

大統領選：獲得選挙人数は312人対226人で、共和党トランプ氏が圧勝
上院選　：53議席対46議席　残数1で　共和党勝利
下院選　：214議席対203議席　残数18で　共和党有利

この時点でさえ、日本では「トランプ前米国大統領が〝圧勝〟……ウラで何が起きてい

図2　2024年米国大統領選挙における Polymarket の予測

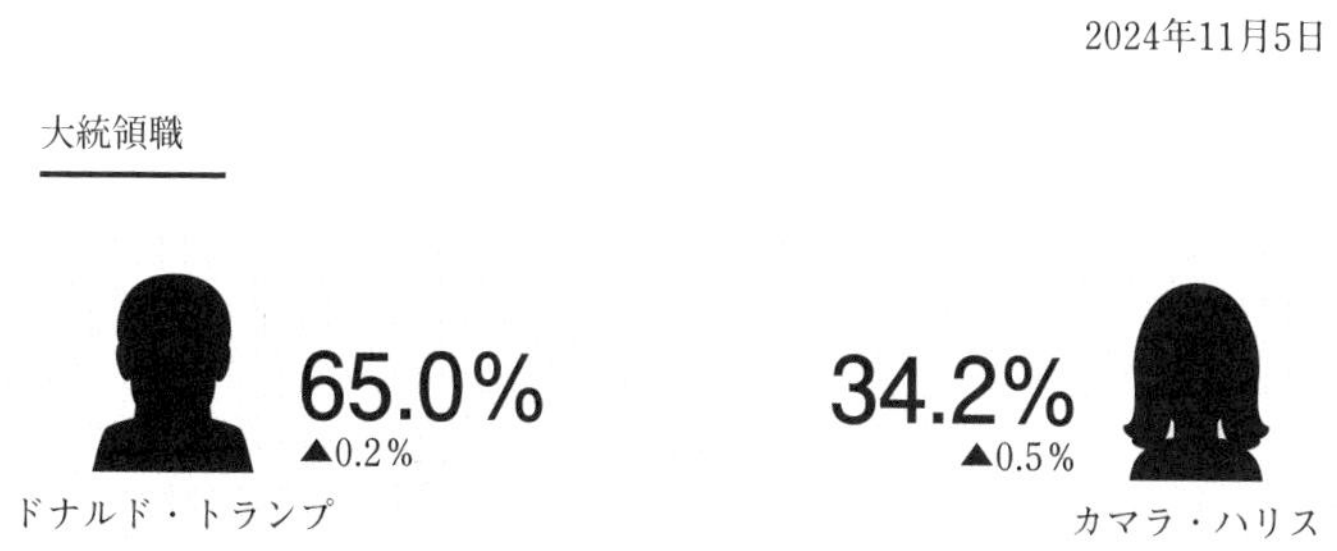

出所：Polymarket.comをもとに筆者作成

図3　2024年米国大統領選挙の賭けサイトの平均

RCP 賭け平均：米国大統領

賭けのオッズデータ

賭けのオッズサイト	トランプ	ハリス
RCP平均・最終更新：11月5日火曜日 午前8：00（東部標準時）	60.0	38.6
ベットオンライン	62	38
ベットフェア	59	38
ボバダ	61	40
ポリマーケット	59	38
スマーケッツ	59	39

出所：2024 RealClearPolling, LLC.をもとに筆者作成

たのか」（日テレNEWS）との報道がなされるありさまだ。

米国でも日本でも、メディアの偏向報道は、今回の米国大統領選でも〝あからさま〟であったことが確認できた次第である。


では、実際の下馬評はどうだったのか？

端的に数字が表れる賭けサイトのオッズを調べてみると、いかにメディアの読みや取材がいい加減、かつ恣意的であるかが浮き彫りとなった。


大統領選5日前の時点でのPolymarket（ポリマーケット）の予測はトランプ65・0％、ハリス34・2％（図2）。RCP：RealClearPolitics Latest Betting Average（すべての賭けの平均）においてもトランプ60％、ハリス38・6％（図3）。

驚くほど、実態に近い数字が出ていたのだ。

選挙戦を通して、同メディアは民主党びいきの有権者のコメントを取り上げる一方で、共和党陣営に関してはネガティブな話題を流し続けた。

今回なぜトランプが大勝を収めるに至ったのか。それをわかりやすく記したコラムを見つけたので紹介しておこう。

11月上旬まで約3週間ハワイに滞在していた。米大統領選の投開票翌日、世話になった不動産管理会社の若い米国人マネジャーに、結果について尋ねてみた。「僕はトランプ派。でもこの4年間、家族にしか言えなかった。友だちも失った。ようやく堂々と口にできる」

嬉しさを抑えきれないといった様子で口調は開放感にあふれていた。他国の人間がいくらトランプ氏の危うさを論じようと民主主義に基づく有権者の選択には重みがある。更に意外だったのが次の言葉だ。「バイデン・ハリスの4年間は何だったんだという感じ。嘘をつかれた。トランプさんは本当のことを言ってくれる」

民主党はしょせんエリート層の代弁者。そんなニュアンスが伝わってきた。よい大学を出て一流会社に勤め、高給をもらっている一部の特権階級に普通の生活者の気持ちはわからない、と。不満の根っこには物価高が横たわる。滞在中、毎朝、となりのホテルの従業員らが路上であげるシュプレヒコールに目を覚まされた。

ホテルは1ケ月以上続くストライキの最中だった。赤旗を振り、何十人もが賃上げを求めて行進する。リゾート地だけに異様に映った。ビーチ沿いの公園を歩くと必ずホームレスの姿が目に入った。米国民はここからの変革と再生を望んだ。その心情への理解なしに、返り咲く大統領との対話は叶《かな》わないだろうと実感した。（「春秋」「日本経済新聞」２０２４年11月19日電子版）

要するに、一般の生活者にとって、すべての生活物資が値上がりするインフレは思った以上にこたえるものであり、当時の民主党政権への潜在的な不満が大きかったのである。

■大統領選の裏側で起きていた本当のこと

そしてそれ以上に私が声を大にして言いたいのは、今回の米国大統領選挙でトランプが圧勝した最大の要因は、「裏側で不正が起きなかった」ことだ。

その立役者はトランプ大統領次男エリック・トランプの妻ララ・トランプであった。次の報道を見ていただきたい。

「米ペンシルバニア州　トランプ陣営　トランプ大統領次男の妻ララ・トランプ氏〝女性票〟を掘り起こし　〝隠れトランプ〟に照準」（ANNニュース、2020年8月12日）

2020年のトランプ再選運動で脚光を浴びた彼女は、2024年3月には共和党全国委員会（RNC）の共同委員長に就任した。そのララ・トランプ委員長は、2024年6月14日、大統領選で不正行為を見つけ出すために10万人以上の投票所監視員と500人の弁護士を全国の選挙会場に配置すると発表。それに先立って、2024年3月12日、Fox News（フォックス・ニュース）のトーク番組「ハニティ」で彼女はこう述べた。

「我々は数日、数週間、数ケ月後ではなく、実際に起こった事態に対処するために、国内の各州に作戦本部を設置するつもりだ」「自由で公正かつ透明な選挙がなければ、何も意味がない」「これは共和党全国委員会ができる最も重要なことだ。民主党が必然的に行う悪ふざけに先手を打つ必要がある。火にはダイナマイトで対抗する」

彼女は「X（旧ツイッター）」（2024年11月4日）に、このような投稿もしている。

「今回は、確たる不正の証拠を集め、提訴という事態になるかもしれない。私たちの部隊は23万人の投票監視員と投票所職員で構成されている。そして、すべての激戦州に500人の弁護士を配備した。私たちのメッセージは明確だ。不正行為をしないでほしい。もしそうするなら、私たちはあなたを見つけ出し、法律の最大限の範囲で訴追する」

この陰の立役者であるララ・トランプのアクションによって、選挙に不正を起こさせなかったことが、激戦区も含めてトランプ圧勝の決定的な一因になったのである。

■米国社会を二分する象徴であるトランプ大統領の経済的なリスク

何度も繰り返すようで申し訳ないが、前著『金融暴落！　グレートリセットに備えよ』で、2024年の大統領選に向けて、米国株式市場のNYダウ平均株価は4万ドルを超えてバブルの臨界点を迎えると記した。現実はそのとおりに推移し、米国経済は巨大バブルの限界点に近いところまで上昇し続けた。

そしてこの巨大バブル・エコノミーをつくってしまったマーケットが最も恐れることは、米国内部の政治的混乱が社会の〝カオス状態〟を引き起こすことであった。

周知のとおり、米国の次期大統領選に向けた選挙演説中に、共和党候補の前米国大統領であるドナルド・トランプが暗殺未遂事件に二度までも見舞われたのだ。

この大事件から見て取れるのは、米国の政治と社会の緊張と分断の根深さであった。米国の政治的混乱が明らかな形になったということでもある。

トランプは米国社会を二分する象徴的な存在である。彼の支持者と反対者の間には深い〝溝〟があり、暴力的な事件がこの分断をさらに深めたのは言うまでもない。

米国の共和党と民主党の間には、いくつかの重要な政策や価値観に関する隔たり、互いに避けられない激しい対立がある。この分断は政治、経済、社会、文化のさまざまな問題において政治的分断を深刻化させていく大きなリスクを孕んでいる。

さらに具体的に言えば、11月の米国大統領選挙においてドナルド・トランプが大統領に再当選するのを防ごうとし、極限の妨害を厭《いと》わない勢力が存在したことだ。問題なのは、彼らが大統領選後にもさらにあからさまな行動を取っていくことだろう。これこそが米国最大の政治的リスクであり、もし今後、そうした政治的な混乱が生じれば、不確実性が高まることで経済的にも甚大な影響を及ぼし、特に株式市場の下落につながるであろう。

■２０２４年がピークだったトランプ就任のご祝儀相場

多くのメディア報道に反して、金融市場は２０２４年の秋にはトランプ大統領の勝利を織り込んだ反応を明確に示していた。大統領選の前だというのに、９月にはインフレ警戒感から金利が上昇し始めた。インフレ再燃予測から米国債10年物金利は３・８％からトランプ当選後の11月半ばの時点で、４・４％前後まで急上昇した。株価は軒並み史上最高値を記録し、市場はトランプ当選でお祭り騒ぎである。とはいえ、やはり長続きはしないだろう。

株式市場では日米の株価が上昇する一方で欧州と中国は下落、トランプ再登板を意識したトランプ相場が展開された。いわゆるご祝儀相場で、日米共に史上最高値となった。ＮＹダウは一時、４万５０００ドルを超え、ＮＡＳＤＡＱ（ナスダック）も１万９０００ドルを超えた。

トランプ政権では、以下のセクターが恩恵を受けると言われてきた。

電力・石油・天然ガス、グリーン・メタノールのエネルギーセクター、金・銀・白金の貴金属マーケット、暗号資産マーケット、軍需産業、ＥＶ（電気自動車）ではないオールド・エコノミーの自動車産業などである。

果たして、今後の米国経済はどうなるのか？

金利はオーバーシュートしたであろうから、やがて頭打ちとなるだろう。株についても、単なるご祝儀相場であるから長くは続かず、これも２０２４年内に頭打ちとなったと思われる。特に人工知能ＡＩブーム、ＡＩブームによるマグニフィセント７の株価が天井を打ったと見ている。

前回トランプが大統領選に勝利した２０１６年でも、同じように長期金利が上がったし、株価も上昇した。しかしそれらは長く続かず、同年12月半ばには失速した。

今回、米国の株価暴落が始まり新たな金融危機が本格化するのは、おそらく２０２５年３月末頃だと、私は見ている。

そうなると、どういう展開になるのか？　ここでは前著のとおりとなるが、改めておさらいをしてみたい。

２０２４年12月からすでに米国は本格的なスタグフレーション（不況下の物価高）に突入していた。不況下の株高。我々はこれを理解しなければならない。インフレ、株高ではなくて、今の株価、為替は、米国の実体経済をはるかに上回るレベルにあるということを。

今回トランプがこれだけの大差で当選した要因の一つは、普段は共和党を支持しない層、貧しくてインフレに苦しむ層がトランプを支持したことだ。国民の多くが今の民主党の政策では、とてもやっていけないという意識が高まったことが、トランプ当選を後押しした。

しかしながら、米国のインフレは改善しない。今の米国では、かつての中流階級が食べていくのに汲々《きゅうきゅう》とし、ダブルワーク、トリプルワークしなければならない窮状に陥っている。

なおかつクレジットカードの債務残高は過去最高を更新し続けている。ニューヨーク連邦準備銀行の報告書によると、２０２４年７～９月（第３四半期）の米国の家計におけるクレジットカードの債務残高は1兆1700億ドル（1ドル＝150円換算で（以下同）、約165兆円）を超えている。

日本では、ホームレスは4万人に一人と言われるが、今の米国では400人に一人と言われている。そこまで切羽詰まっている。クレジットカードの延滞率はどんどん上昇している。要するに、国民経済が〝限界〟に達しているのが今の米国なのだ。

にもかかわらず、株価だけが上がっている。これがスタグフレーションの現実である。

■大幅な関税引き上げで他国の経済に打撃を与える米国第一主義

そんな中、トランプ当選後、差し当たり景気対策として行われるのは、選挙前のトランプの発言にもあった法人税の6％減税（21％↓15％）であろう。

しかしこれは、トランプ政権1期目の法人税の14％減税（35％↓21％）と比較して、減税の幅はかなり少ない。

前回と異なるのは、株価の推移も、為替相場の推移も、長期金利の上昇傾向についても、あくまでも短期的な動きだということだ。

言葉を換えれば、ムードだけで上昇してきた投機的な相場となった金融市場、株式市場はオーバーシュートし、これからは下落に転ずる。

どういう状況かと言うと、2024年に入って日本株が上昇気流に乗った時期を思い出していただきたい。毎日、買われている銘柄はほぼ同じで、変わらない。売買金額トップテンに入るのは、東京エレクトロンやレーザーテックなどの半導体銘柄やユニクロなどの値嵩《ねがさ》株ばかりなのだ。こうした現象は、投機的な相場になっていることを示しており、こうした相場は結局、長続きしない。


トランプ相場以上に問題なのは、トランプが掲げる米国第一主義だろう。

いわゆるMAGA（Make America Great Again）政策には、**大幅な関税率の引き上げ**が含まれている。米国の自国第一主義は米国の産業の復活には良いだろうが、中国はもとより、欧州も含めその他の国は相当なダメージを受けることを覚悟しなければならない。もちろん、日本への関税も強化されるわけだ。

そして2025年2月1日、トランプ大統領は、カナダとメキシコの一部の製品に追加関税を25％（合計27・５％）、中国にも追加関税10％（合計38・４〜１１２・５％）を課す大統領令に署名した。メキシコとカナダへの発動は一カ月延期されたものの、世界のマーケットを激震させる事態となった。さらに２月18日、トランプ大統領は、新たに輸入自動車に25％程度の関税を課すことを発表した。主な標的は、メキシコやドイツと言われているが、日本からの乗用車やトラックなどの自動車の輸出は、２０２４年の輸出額で約６兆２６１億円にものぼり、人ごとではない。自動車の生産拠点を米国内に回帰させることを求めての処置だとされている。２月26日には、自動車を含むＥＵ（欧州連合）からの全輸入品に25％の関税を検討していることを明らかにした。また、中国からの輸入品については、２月４日の10％の追加関税に加えて、２月28日にさらに10％を上乗せすることを発表し、３月４日以降、合計20％もの関税がプラスされることとなった。ほぼ確実に報復関税が相手国から実施されるであろうから、事態は深刻化していくはずだ。

こんな時に株を買っている場合かと、いずれ投資家たちは気づくはずだ。だが、みんなオーバーシュートして株を買い上げてしまっていることから、株価暴落の憂き目に遭う運命にあるのだろう。

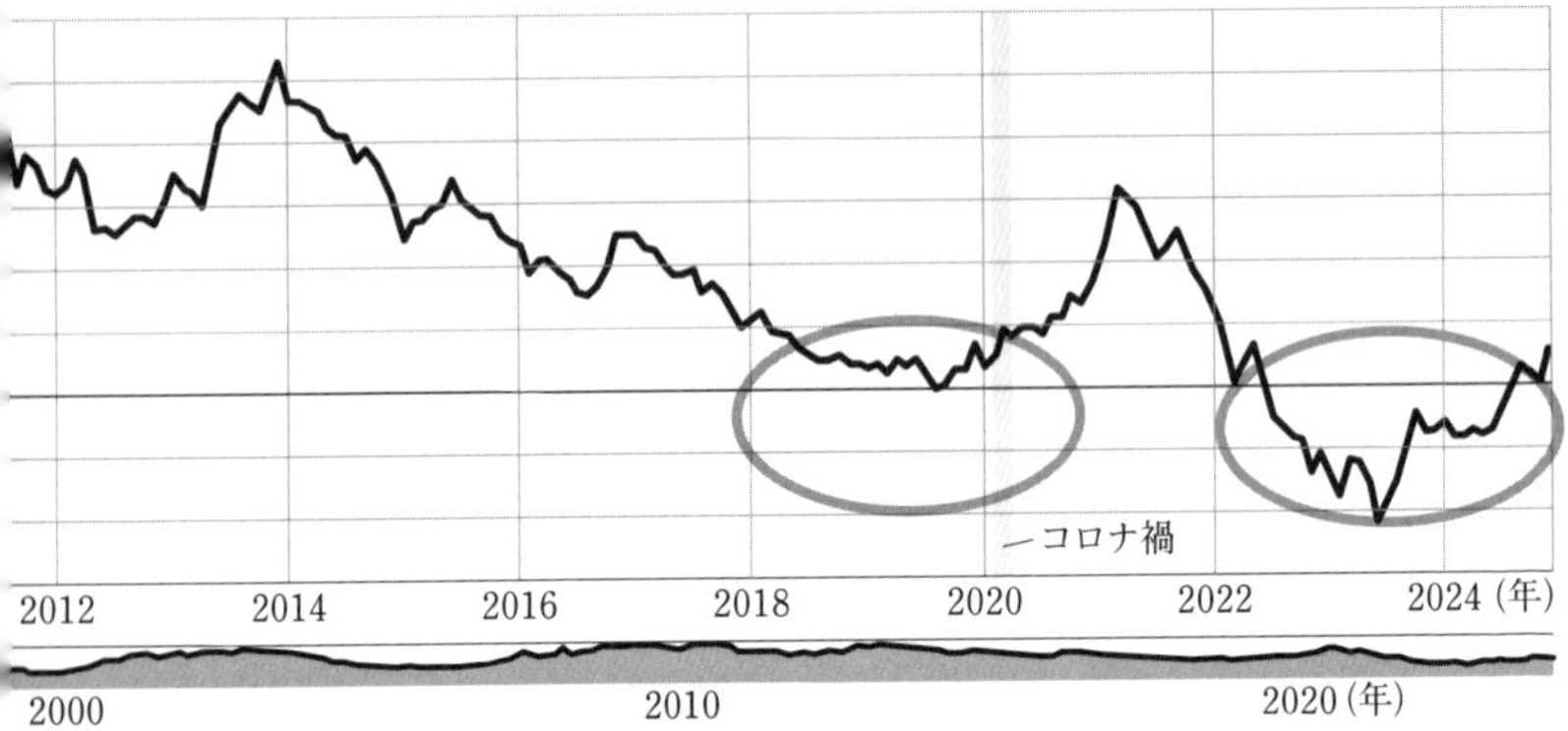

利を上回る状況であり、今、米国の金融市場は異常な金利体系にあることを示している。
から60%の下落を経験している。2000年のITバブル崩壊でS&P500は、50%下落。2008年の

出所：セントルイス連邦準備銀行の経済データをもとに筆者作成

■トランプ返り咲きでも回避できない米国経済の大崩壊

ところで、トランプ当選で（私がかねてより申し上げてきた）米国のグレート・クラッシュは避けられるのだろうか？　もはや絶対に避けられないだろう、と私は危惧している。

すでにリセッション（景気後退）リスクは相当高まっている。なぜなら、逆イールド現象が２０２４年の９月に解消したからである。ＦＲＢが、ＦＦ金利を下げる決定を開始したことによるものだ。これは重要な局面である。一般的に、逆イールド現象の発生とその解消は

図4　米国10年債利回りから2年債利回りを引いた値

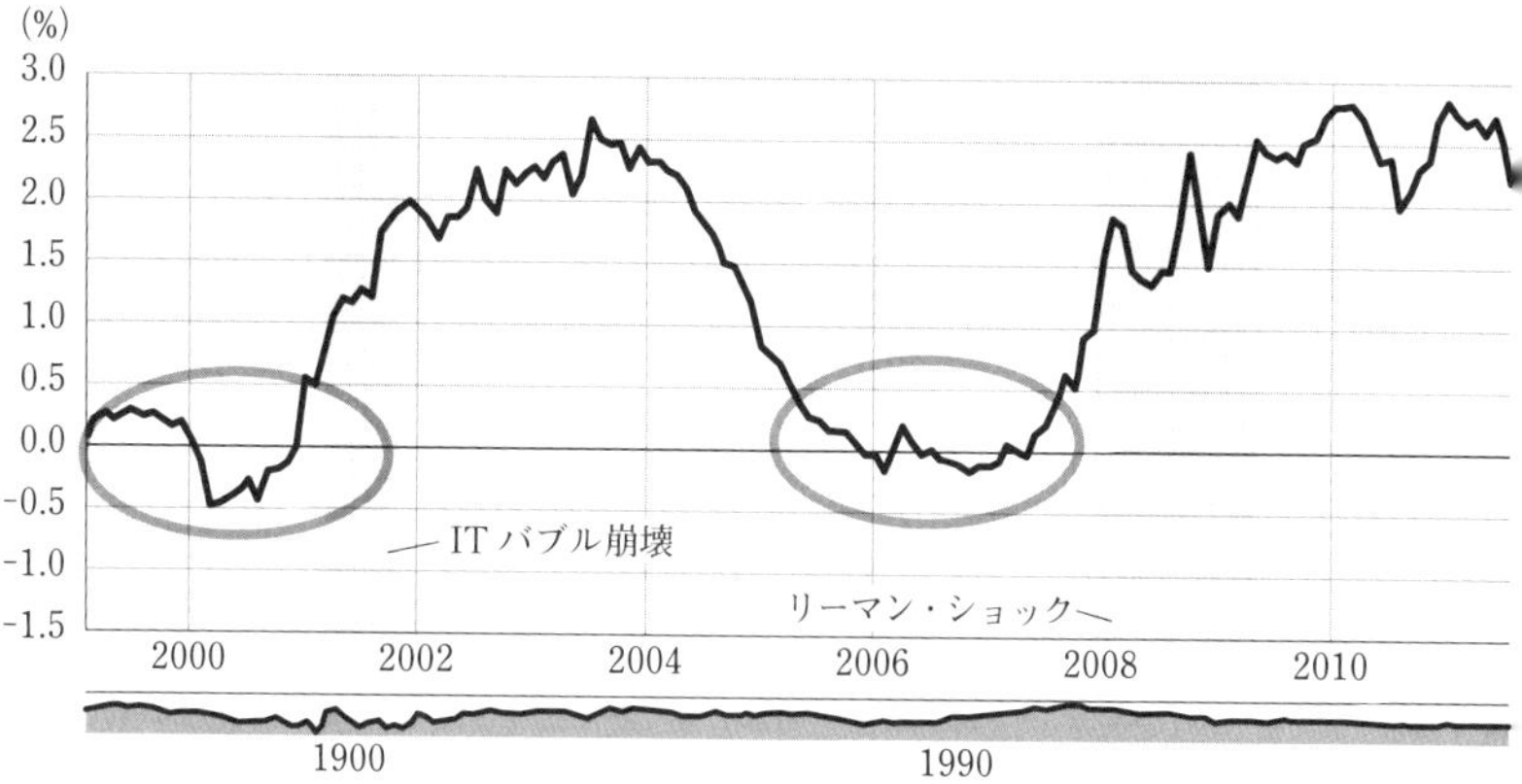

網掛け部分は米国の景気後退を示す。

丸の太枠で示した逆イールド現象（インバース・イールド・カーブ）は、短期金利が長期金
米国の金融市場で逆イールド現象が起きた後に、解消に向かう過程において株式市場は30％
金融恐慌リーマン・ショックのバブル崩壊でS&P500は、60％下落した経緯がある。

「景気後退のシグナル」と解釈されるからだ（図4）。

加えて、失業率の悪化（前年同月比0・5％以上が3ケ月連続）もあって、事実上、リセッションに突入したと考えるべきだろう。

だからこそFRBは、リセッションは回避できないと見て、本来、2024年の9月に、市場では0・25％の利下げと予測されていたFF金利を0・5％引き下げたのだろう。さらに11月と12月にも0・25％の利下げを行った。

他方、株価、為替に関しては、実体経済のレベルをはるかに超えた高い数字を示している。米国政府は実態の露呈を必

図5　米銀の保有有価証券の含み損益

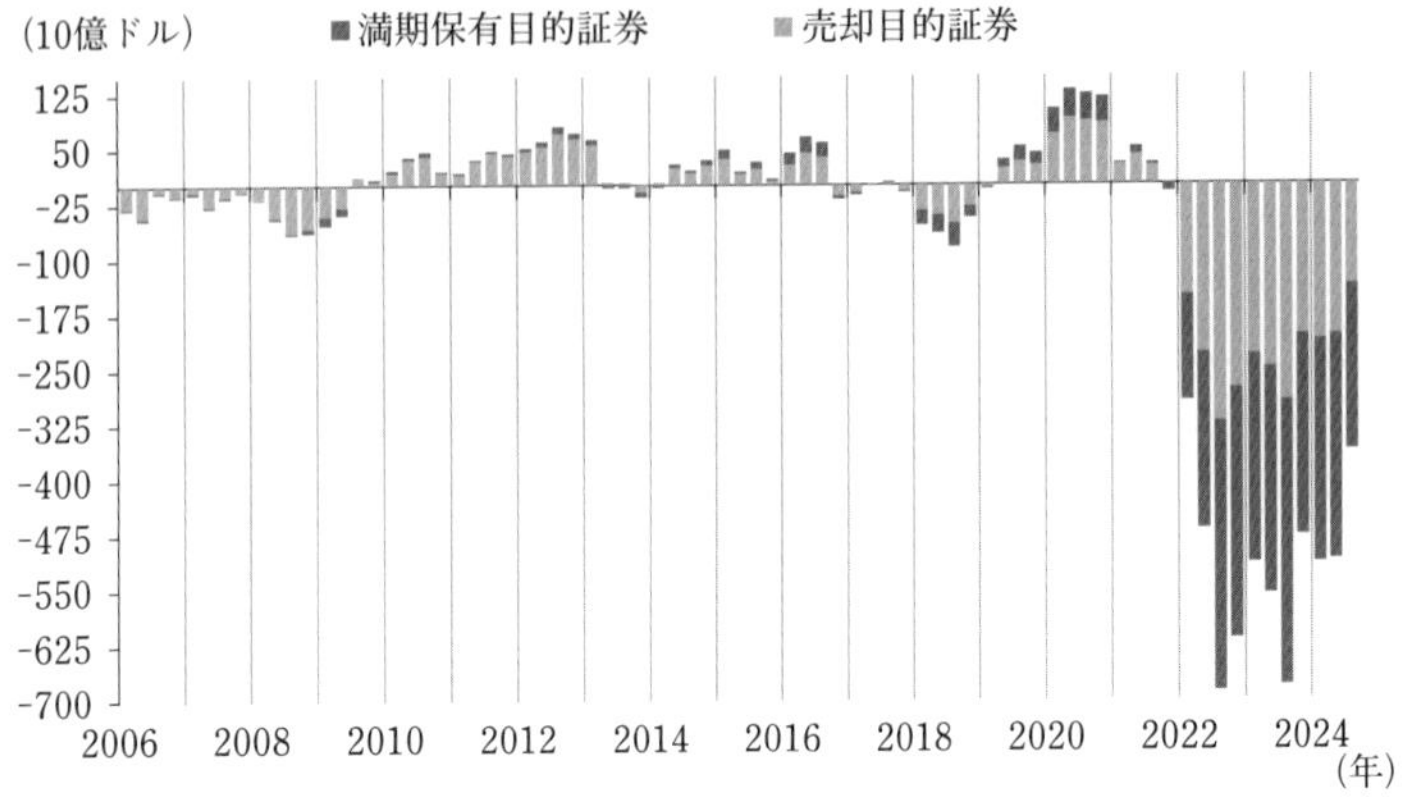

出所：連邦預金保険公社（FDIC）のデータをもとに筆者作成

死に隠蔽している模様だ。

すでに米国内では銀行破綻が数件起きているが、表沙汰にはなっていないし、失業率の操作についても取り繕ってきた。けれども、これまで記してきたとおり、銀行セクターが抱える損失は2008年のリーマン・ショック時の10倍以上にまで膨らんでいると見られ、明るみに出るのは、もはや時間の問題だ(図5)。

何度も繰り返してきたが、米国経済はすでに完全なバブル状況に入っている。今の状況と重なるのは1987年の「ブラックマンデー」の時だろうか。当時も株価の大幅下落に見舞われては、再び高値に戻してくる展開が続いた。バブルだったからこその回復力だったわけだが、それに気づいたのは数年経《た》ってからであった。

米国のバブル崩壊は、いつ誰の目にも明らかになるのか。そのトリガーとなるのは何なのか。それが今の焦点となっているだけである。

■バイデン政権の失政、同盟国やパートナー国の米国に対する信頼感が揺らぐ

ここからはバイデン政権の4年間について総括してみたい。

外交面ではまさに失態の連続であった。アフガニスタンから米軍を撤退させた際、その計画や情報が不十分であったため、タリバンの進撃を適切に予測し対応することができなかった。

そのためタリバンに政権を掌握されてしまった上に、カブール陥落を招く結果となり、アフガニスタン政府の崩壊が早まった。

タリバンの支配下においては、女性や少数派、元政府関係者に対する人権侵害が懸念され、避難の遅れがこれらの人々に対するリスクを増大させてしまう結果となった。

さらに、タリバンが再び権力を掌握したことで、テロリスト組織の活動が再活性化する

リスクも高まった。アフガニスタンからの撤退時の混乱は米国の国際的な信頼性に影響を与えることになり、米国の同盟国やパートナー国に対する信頼感が〝揺らいだ〟との指摘もある。

中東戦争に関してもイスラエルとハマスのガザ紛争（イスラエル・ハマス戦争）に対するバイデン政権の対応は褒められたものではなかった。イスラエルの自衛権を支持する一方で、パレスチナ側への人道的支援や停戦の仲介を進めたため、双方から非難された。

これらの対応が不十分であったため、さらなるレバノンへの戦線の拡大、イランとイスラエル双方の直接的なミサイル攻撃にまで発展した。また、サウジアラビアが関与するイエメン内戦に対しても、その終息には至らなかった。

バイデン政権時代の中東政策により、中東地域の安全保障が不安定化した結果、特にイランの中東地域への影響力が高まる一方、米国の役割や存在感に対する大きな問題が生じてしまった。

今回のトランプ政権は、選挙中から、当選後はウクライナとロシアの戦争を即時に終わらせることをアピールしていた。その影響もあるのだろうか、ロシアがウクライナとの戦線に注力するあまりにシリアのアサド政権への対応がおろそかになった結果、2024年

図6　米国の消費者物価指数（CPI）（前年同月比）

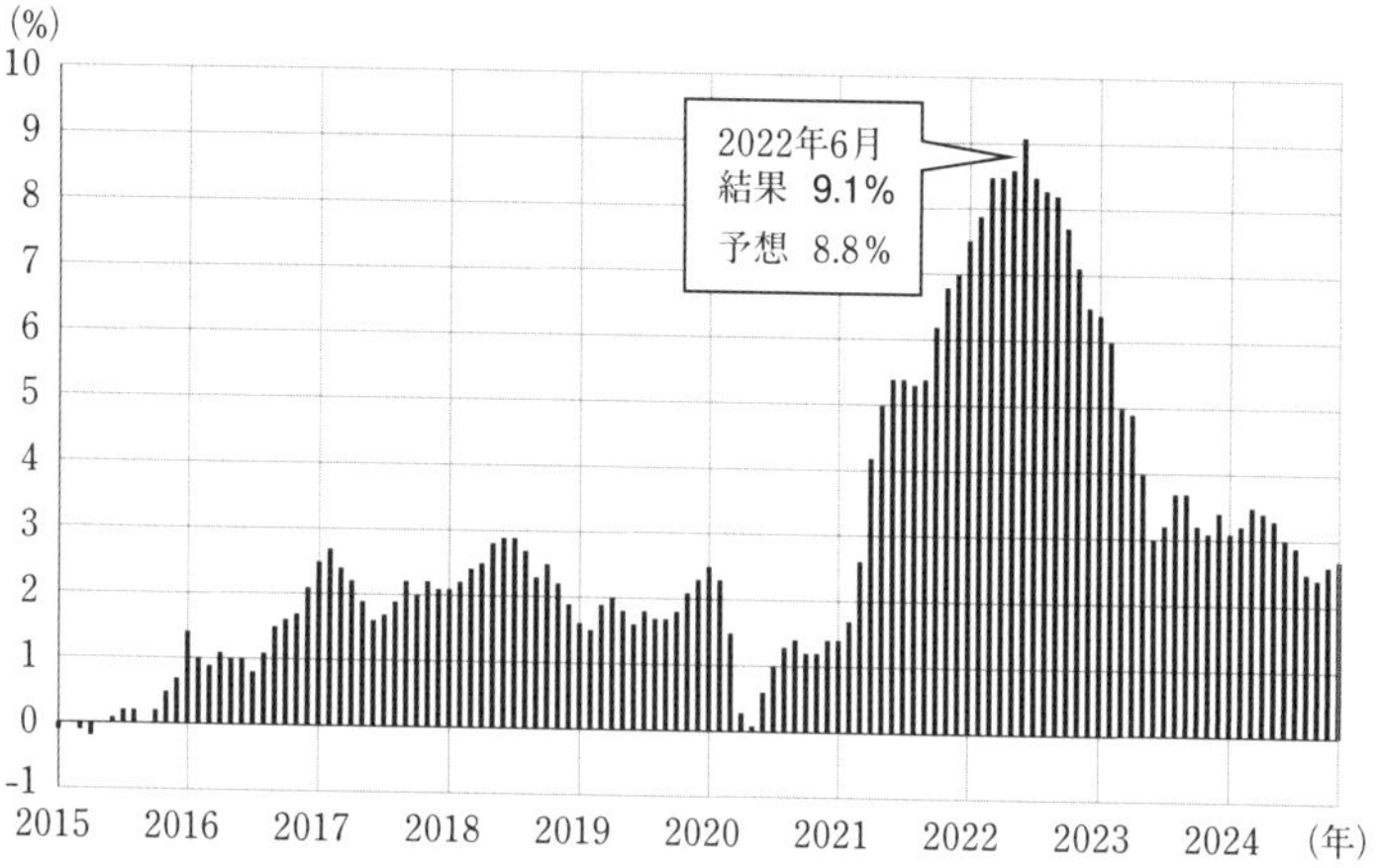

出所：米国労働省のデータをもとに筆者作成

12月、アサド前大統領一家がロシアに亡命するという、突然のアサド政権の崩壊に至った。ドミノ倒しではないが、トランプ大統領の就任が、地政学に大きく影響していることは確かである。

■インフレの拡大と、不法移民対策における失政

バイデン政権の国内政策もまた、移民政策を筆頭にまったく中途半端なものであった。

その政権下の２０２２年から２０２４年の間に、インフレ率が40年ぶりの高水準となった。とりわけ２０２２年６月にはＣＰＩは９・１％に達したのだ（図６）。

前述したとおり、食品やエネルギー価格が

急騰した影響で、生活費は大幅に上昇した。これによって米国の消費の大部分を担っている中流階級の家庭の生活が困難になるケースが急増し、国民全体の購買力が低下した。

バイデン民主党政権下での不法移民の数については、米国土安全保障省（ＤＨＳ）やピュー・リサーチ・センターなどの調査機関によると、南部国境での移民の流入が増加した。その結果として不法移民の数も増加の一途を辿《たど》った。

特に２０２１年以降、メキシコとの国境での移民の流入が増加し、米国への不法移民の総数は、おおよそ１１００万人から１２００万人とされた。

一部の調査では、このさらなる流入の増加によって、特定の職業や業界において白人労働者との就業の競争を激化させていることが問題となっている。

バイデン政権下での犯罪率について、ＦＢＩの「Uniform Crime Reporting（ＵＣＲ)」プログラムや「National Incident-Based Reporting System（ＮＩＢＲＳ)」などのデータによると、暴力犯罪や財産犯罪が増加の傾向を示している。

これらによれば、２０２１年から２０２２年にかけて、ニューヨークやシカゴ、ロサンゼルスなどの大都市をはじめ多くの都市で、暴力犯罪（特に銃による犯罪）が増加したことが問題となっている。

バイデン政権中における薬物接種による死亡率の増加についても懸念されており、オピオイド[※1]による薬物過剰摂取が深刻な問題となっている。米国疾病予防管理センター（ＣＤＣ）のデータによれば、２０２２年には薬物過剰摂取による死亡者数が過去最高を記録した。特にフェンタニル[※2]の影響で死亡者数が増加している。

※１　オピオイド……ケシから抽出されるアルカロイドなどから合成された鎮痛薬。米国では一般に流通する。
※２　フェンタニル……鎮痛剤として使われる強力な合成オピオイドの呼称。少量でも過剰摂取を起こしやすい。

■過剰に設定されたグリーンエネルギー政策に対する疑問

極めつけは、米国が国家として最も重要視しなければならないエネルギー問題である。

バイデン政権は、２０５０年までのカーボンニュートラル目標や２０３０年までの温室効果ガス削減目標を設定した。

しかしながら、これらの目標に対する達成可能性や実行計画は、十分に明確ではない。グリーンエネルギー政策に関連する予算が〝過剰〟に設定され、実際の成果はそれにまったく見合っていない。これは極めて期待外れであり、政府の補助金やインセンティブが、意図したようなプライベートセクターの投資や技術革新には結びつかなかった。

バイデン政権下でのエネルギー価格の上昇（特にガソリン価格）は、政策の一環であったグリーンエネルギーの推進と矛盾する結果を招いてしまった。これには、化石燃料からの移行に伴う短期的な供給不足や価格変動が影響していることが問題とされている。

第2章

すでにリセッション入りしていた米国経済

■ 8月5日の東京株式市場の暴落は、巨大バブル崩壊の最初のサイン

2024年8月5日の東京株式市場の暴落は、その後の株式市場の空気を変えたエポックメイキング的な出来事だった。それまでの強気一辺倒な相場の空気が変わり、疑心暗鬼な相場が始まるきっかけとなった。その後の相場は上下動を繰り返す停滞期に入ったと言えるだろう。

ただこの8月の下落は、個人的な見解からすると、なぜ?と言うより、むしろこうなる展開がわかっていた相場にしか思えなかった。とはいえ、ここはよりわかりやすく理解していただくため、時間の流れに沿って検証してみたい。

2024年8月2日（金）の米国市場が開く直前（現地時間の8時30分、日本時間の21時30分）に、7月の米国の雇用統計が発表された。注目されていた失業率は予想されていた4・1%を上回り、4・3%に悪化した。これをマーケットは、〝失業率ショック〟と受け取った。

図7　米国の失業率の推移

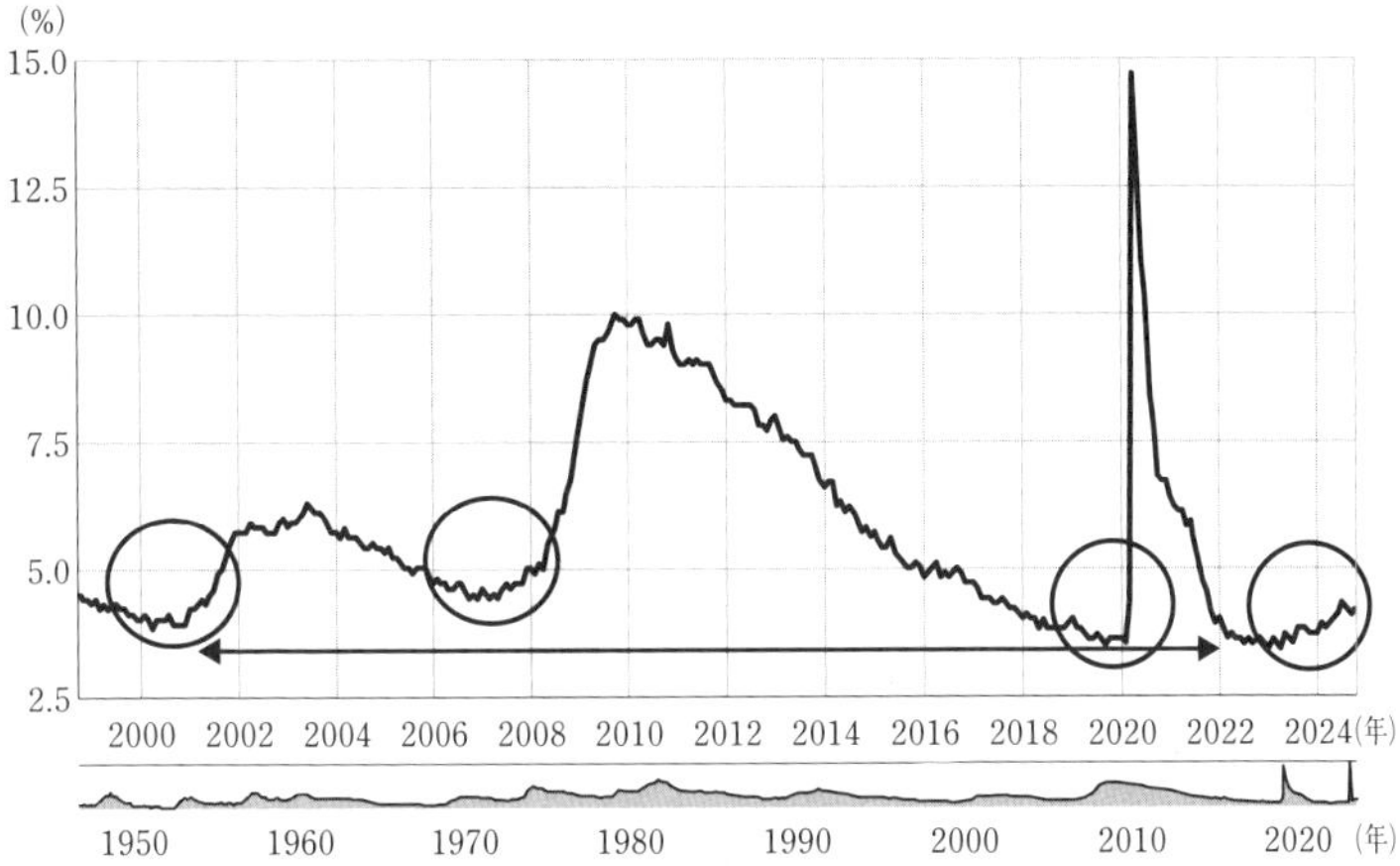

出所：米国労働省／セントルイス連邦準備銀行のデータをもとに筆者作成

なぜなら、失業率が４ケ月連続して上昇し４・３％に達したことは、すでに米国経済が危険水準にあることを示していたからだ。悪化し続ける失業率は、米国経済にさらに追い打ちをかけると認識したのである（図7）。

リセッション（景気後退）懸念が浮上し、外国為替市場では、すでに円高ドル安に転換していたドル／円は、１６１円台から続落となり、１４６円台まで急落した。

８月５日、東京市場の開いている時間帯において、一時的にせよ５円もの幅で動き、ドルが１４６円台から１４１円台に下がる円高ドル安となった。ドル／円の為替相場において（特に東京市場において）一日で５円前後の下落幅で暴落が示現した時は、その最低値がその期間の一時的な底値になることが多い、と私は考えている。

　では、週明けの8月5日の日経平均株価はどうだったのか。なんと一日での史上最大の下落幅を記録したのだ。1987年10月20日のブラックマンデー時の下落幅であった3800円を超え、さらに下げ幅が急拡大し、一時は4700円を超える下落幅となる歴史的な大暴落となったのだ。

　なぜ、このような大暴落になったのか。これは日本の株式市場が〝バブル相場〟だったからに他ならない。大摑《おおづか》みに言えば、米国の為替市場、株式市場の動きは日経平均がクラッシュするきっかけにすぎなかった。

　バブル相場の最終段階とはいえ、日経平均株価がたった一日で13%前後も下落した背景には次のような要因があった。為替相場でドル／円が大きく値崩れしたことから、マージン・コール[※1]がかかった。その結果、ドル／円のストップ・ロスオーダー[※2]がトリガーとなって投げ売りが誘発された結果、円・キャリートレードは強制的なアンワインド（巻き戻し）をさせられる事態に陥ったのである。

　同時に東京株式市場では、信用買いという掛け率の高い投機的な株式投資取引により、

図8　投機筋のポジション推移 日本円（JPY）

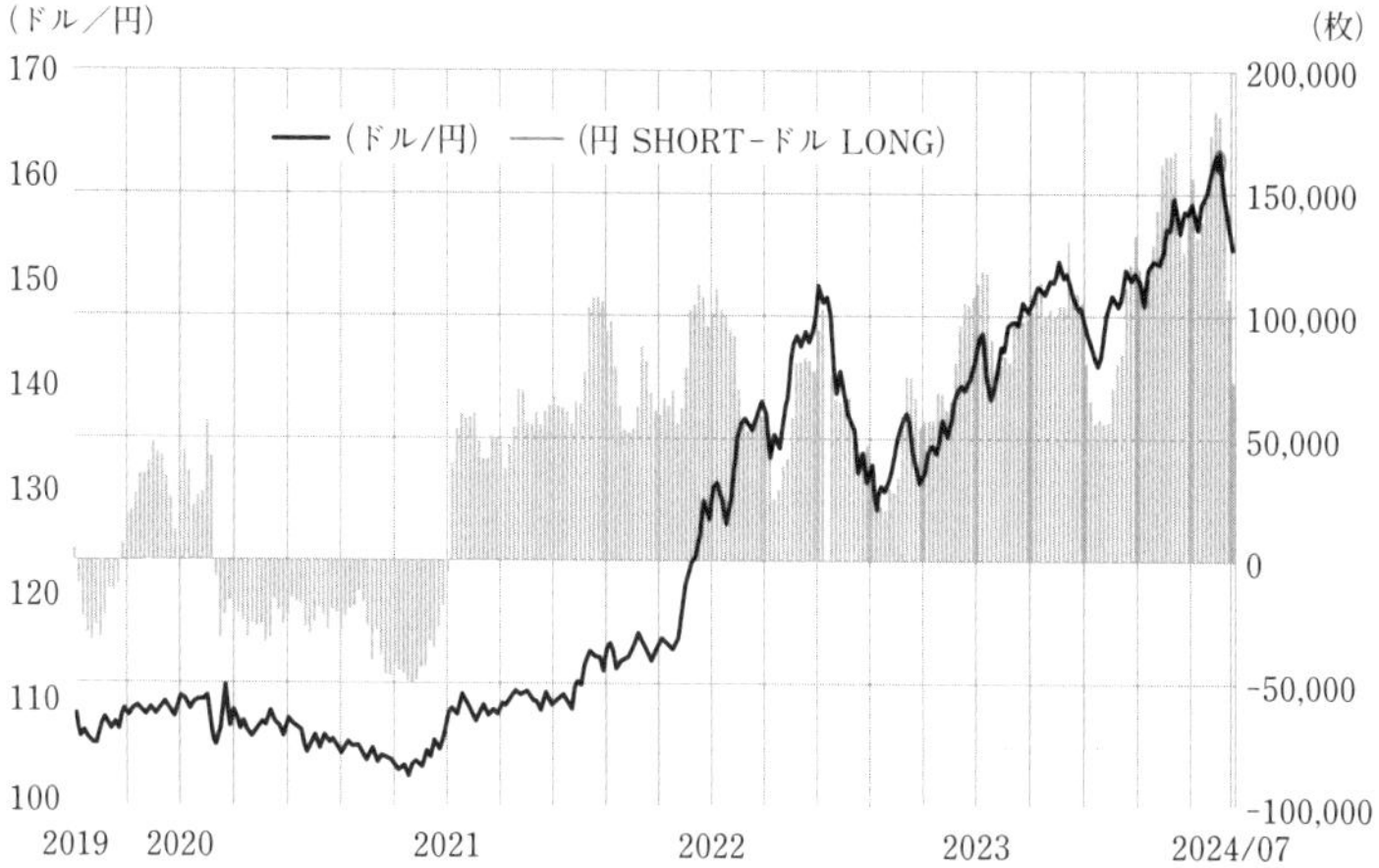

出所：米国CFTC商品先物取引委員会のデータをもとに筆者作成

追証《おいしょう》（追加の保証金）の支払いに迫られるプレーヤーが多数、発生した。当然ながら、彼らの利益は吹っ飛び、損が膨らむぐらいでは済まず、それ以上に悲惨な状況となった。

一方、米国時間８月５日のニューヨーク株式市場はどうだったのか。ＮＹダウは４万１０００ドル台から下落傾向にあったが、一時は３万８０００ドル台まで下落した。つまり、この時点ではＮＹダウ平均株価、Ｓ＆Ｐ５００株価指数、ＮＡＳＤＡＱ１００指数はいずれも２％強程度の下落に落ち着いていた。米国債利回りは、10年債が３・６６５％まで下落、金（ゴールド）も２％程度下落しただけにとどまった。

その後、日経平均は徐々に持ち直して上下動を繰り返すが、ＮＹダウやＮＡＳＤＡＱのように最高値を更新することもなかった。しかし、12月半ばに遅まきながらようやく目標である４万円も超えることができた。

つまり米国マーケットに比べ、日本のマーケットは、暴落においての衝撃に弱く、回復力も弱いと言えよう。「失われた30年（35年？）」も、むべなるかなとも思える。

※１　マージン・コール……銀行がヘッジファンド等に不足となった証拠金を請求することでポジションを強制的に決済させられること
※２　ストップ・ロスオーダー……ある値以下になったら自動的に決済が注文されるシステム

■遅きに失したＦＲＢの利下げ

２０２４年８月２日に発表された米国雇用統計の悪化に端を発する〝失業率ショック〟に、日米の株式市場が大きな混乱を呈したことは先に述べた。

その後の９月のＦＯＭＣ（連邦公開市場委員会）では、マーケット関係者の当初のＦＦ

図9　米国FRB目標金利（FF金利）

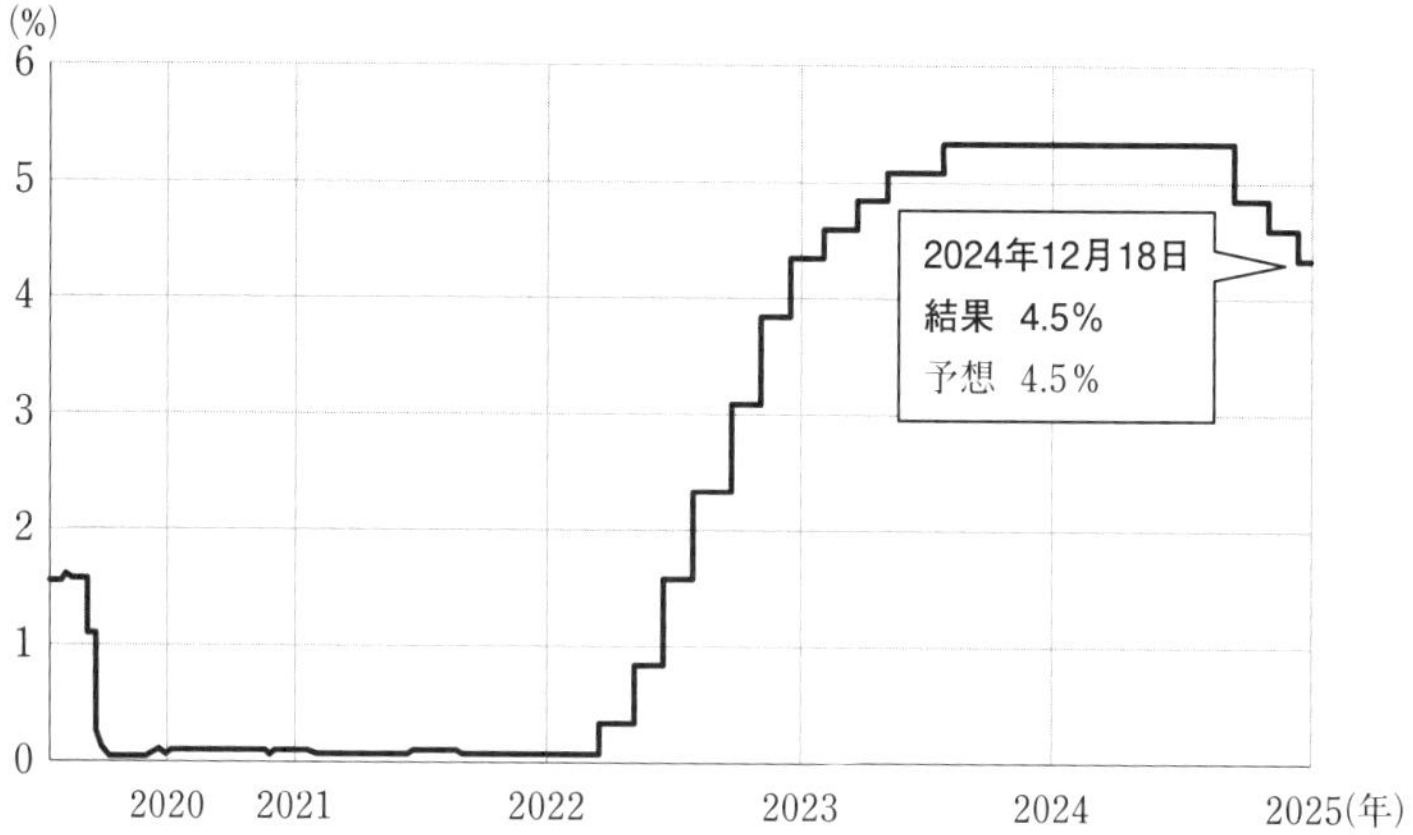

出所：セントルイス連邦準備銀行のデータをもとに筆者作成

金利利下げ予想０・25％が日を追うごとに変わり、結果的には最終的な大方の予想どおりに０・５％の利下げが行われた。

詳細を述べると、ＦＲＢは２０２４年９月のＦＯＭＣにおいて０・５％引き下げたため、ＦＦ金利は、「５・25％～５・５％」から「４・75％～５・０％」に引き下げられた。

これは実はかなり大きな転換点だった。ＦＲＢの利下げは、新型コロナウイルス禍を受けて臨時会合で一気にゼロまで引き下げた２０２０年３月以来、実に４年半ぶりだったのだ。さらに当時、マーケットの多くの人々が０・25％の引き下げ幅を予測したにもかかわらず、初回でいきなり0・5％引き下げたことが大きな話題となった。

その後もＦＲＢの利下げは続き、11月に0・25％、12月にも0・25の利下げが行われ、2024年度のＦＦ金利の利下げは合計1・0％となった。最終的な政策金利は「4・25〜4・50％」まで引き下げられた（図9）。

先にも述べたが、最初の利下げの3、4ケ月前から、米国の消費は確実に落ち始めていた。ＦＲＢの政策の軸足は、もはやインフレではなくなっており、最大の関心は失業率にあった。要はリセッションに対するリスクにきわめて敏感になっていたということだ。

しかしながら、当時、米国の国民生活に影響を及ぼしているインフレ率はまだ高いままであった。それでもＦＲＢのジェローム・パウエル議長は、11月の大統領選を直前に控えていることに〝忖度《そんたく》〟し、米国株式市場を底堅く推移させることに注力する手段を選ばなければならなかった。このことが不景気のさなかの株高現象を招く結果となり、最終的にバブル相場の〝臨界点〟をつくってしまうことになったのだ。

そして、最も重要なことは、ＦＲＢが利下げをしたのが、遅すぎたことである。利下げが始まったのは、実体経済がすでにリセッションに入った後だったのだ。こうしたＦＲＢのアクションをわかりやすくたとえて説明するならば、これは日本の財務省が行った1ドル＝160円でのドル売り介入と同じ意味合いであった。要は、政策が明らかに後手に回ってしまったということだ。

つまり2024年の9月の時点で米国経済はすでにリセッションに入っており、FRBが慌てていきなり0・5％の利下げをしたが、それ自体が、FRBの政策が完全に〝後手〟に回ったことの証左となってしまった。

私見を言うなら、あの時に0・75％、あるいは1％下げてもよかったと思う。それぐらい米国の国内経済はひどいことになっていた。けれども、メディアはそんなことは報じないし、マーケットに至っては、利下げしたから米株が上がって安心だという呑気《のんき》な論調に染まっていた。

長期金利より短期金利の利率が高い逆イールド現象の発生と解消、失業率が前年同月比で0・5％以上も上昇したこと、低調なCPI、原油価格下落などを総合すると、米国はおそらく2024年の4月から5月あたりに実は、リセッションに突入していたのではないかと思う。

いったいFRBは何を見誤ったのだろうか？　雇用の伸びを過大評価していたのではな

いか、というのが私の見立てである。

実質1200万人もいる不法移民を労働者数として拾い、誤差が拡大した可能性をFRBも認めたし、ゴールドマン・サックスなどは100万人の誤差があったと主張している。これらの記事は2024年10月7日にロイターやブルームバーグで配信されていた。

もし2024年の4月、5月にFRBが利下げに踏み切っていれば、景気回復は不可能としても、ソフトランディングの可能性はまだかすかに残っていた。だがもはや〝手遅れ〟である。今から思うと2024年9月からのFRBの利下げは、米国株式市場が限界に近いところにいたことを教示していた。しかしながら、マーケットはこれを理解できなかった。利下げをすれば株式市場には都合が良いくらいとしか、受け取らなかったのだ。

私に言わせると、すでに米国経済は取り返しのつかない状況に追い込まれている。米国の景気が悪くて物価が高いままだから、今後さらに、消費が予想以上に落ち込むだろう。要は、スタグフレーションが待ち受けているのだ。そして、通貨と株はいつ暴落しても不思議ではない状況に陥っている。したがって、利下げの幅をコントロールするFRBとしては、薄氷を踏む思いだったであろう。

一方、ＦＲＢの９月の利下げに関して、当時、共和党大統領候補だったドナルド・トランプは、「米国の大統領はＦＲＢの決定に発言権を持つべきだ」と述べた上で、「大統領選挙の直前になってジェローム・パウエルＦＲＢ議長は利下げをするべきではない」とも発言した。これは、米国大統領選挙のたった１ケ月半前に、決定的に政治に忖度した利下げは、株式市場に上昇の期待を持たせることとなり、株価の上昇は当時の政権政党である民主党の大統領候補であったカマラ・ハリスに優位になるからアンフェアだ、という理由からだった。

しかし９月に利下げが行われた結果、米国大統領選挙の勝者となったドナルド・トランプとパウエルＦＲＢ議長との間に深い溝ができることになった。その後のＦＯＭＣにおいて、パウエル議長はトランプ政権下での辞任を強く否定したことが話題となったが、トランプ大統領との間の溝が埋まったという話はまだ聞かない。

さらにトランプ大統領は、就任前に、ＦＲＢの金融政策に大統領が直接的に発言できる権限を有する法律が制定されるべきとしたが、これは金融市場・株式市場にさらなる混乱を引き起こす甚大なリスクを孕んでいるため、決してすべきことではないと、私は考えている。

■終わりを告げた円安ドル高が日本株を支え続けるパターン

ここで3年半ほど続いてきた円安ドル高の為替基調について総括してみよう。一言でまとめると、円安ドル高が日本株を支え続けてきた。ドル高に振れると、日本株が上がるというパターンができ上がっていたのだ。

しかし為替基調が円高ドル安に転換すると、ドル／円の上値は限られてくる。つまり、ドル／円が上がらない状況（円高）だと、日本株が上がらなくなってしまう。

ここで54ページの日経平均のチャートを見てみよう（図10）。2024年1月に日経平均株価が3万2000円レベルから急騰した時にできた空白の窓[※3]を埋めたことで、為替も株も一時的な下値（安値）を確認した。

今度は上値の4万2000円レベルから続落した時にできた空白の窓が三つ、則ち「三空叩《たた》き込み」[※4]を示現したことから、8月、9月の株式市場において上昇の戻しの局面が見られた。

その後は円高局面で日経平均も下落傾向になったが、トランプ大統領の当選後の円安を受けて、日経平均は一時的に上昇し、２０２４年末には一時的にではあるが４万円の大台に乗せた。

今後、米国株がズドンと崩れる状況になるとするとドル安になり、ドル／円も日本株もズドンと崩れる。日本は、円高、株安に見舞われるのだ。そうなると日本株が助かる余地はもはやない。早めに逃げるが勝ちである。

※３　空白の窓……ローソク足チャートを描いた際、相場の一気上げにより、前日終値と翌日始値が重ならないでできた空間のこと

※４　三空叩き込み……下落している相場でローソク足チャートが３回連続で窓を空けて急落した時の形は、買い転換のシグナルとなる。投げ売りの最終局面に見られるパターンの一つ。現物株よりも信用銘柄の投げの最終局面に出やすい。

前日の終値と翌日始値が重ならないことでチャートに空間が生じることを指す。窓が開いた後は、

出所：インベスティングドットコムのデータをもとに筆者作成

図10　日経平均225（2023年1月～2025年1月）

小さい丸の太枠の空間、ローソク足で窓を開けるとは、相場が急激に上昇または下落して、開いた窓を埋めるように株価が戻ることが多いため、「窓埋め」とも呼ばれる。

図11　主要通貨の金に対する価値の変化

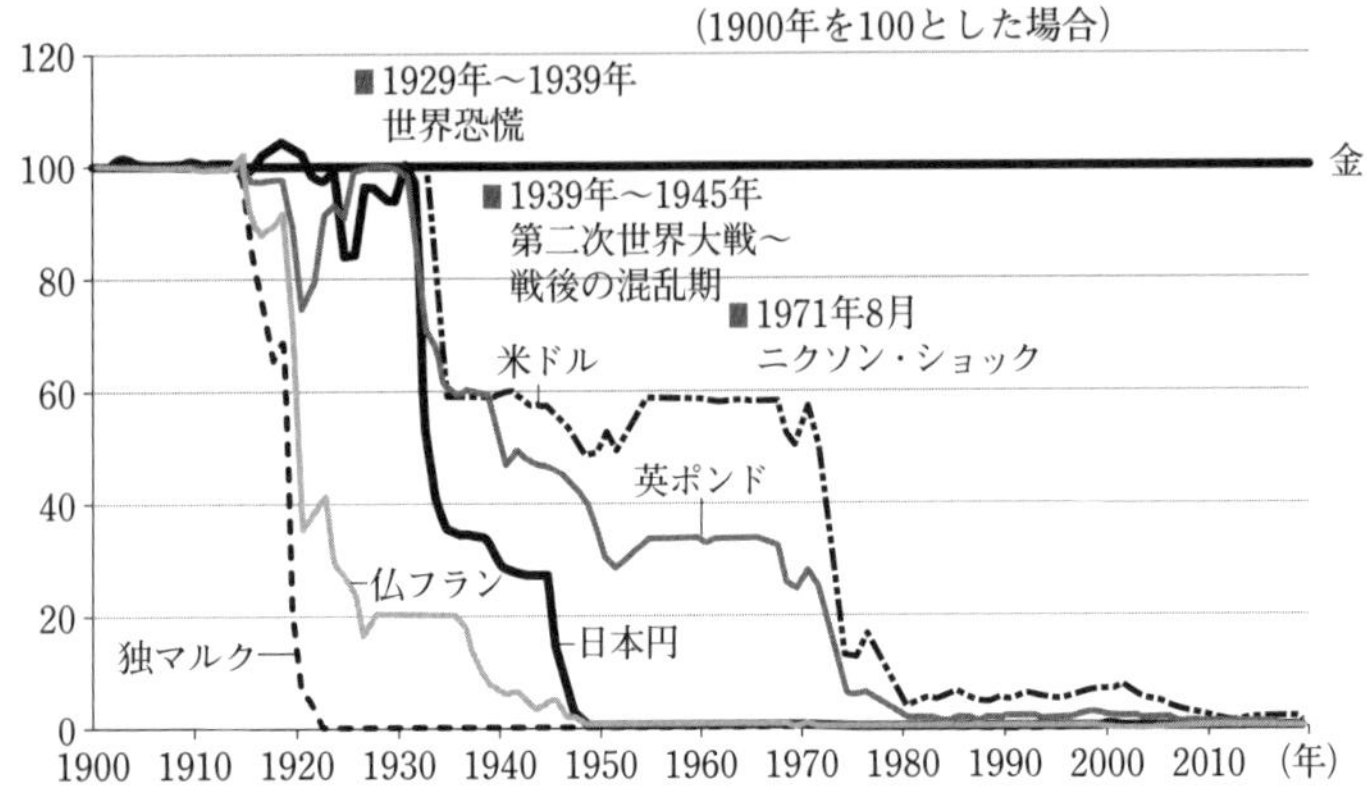

出所：ピクテ投信投資顧問の資料をもとに筆者作成

■ゴールドに比べて大きく減価し続けている米ドルの価値

米国は野放図かつ無制限に輪転機で紙幣を刷り続けてきた（通貨を発行し続けてきた）ことにより、〝米国の借金〟（国家債務総額）はすでに36兆ドル規模（約５４００兆円）にも達している。

さらに米国は継続的に莫大な貿易赤字を抱えている。したがってドルの価値は、少しずつ減価しているのが現実なのだ。考え方としては、先にも述べたが、対ゴールドでドルの価値を換算すればより理解しやすくなる。

金本位制時代（１９３３年、米国で停止）に、金1トロイオンス（31・10グラム）を35

ドルで交換していたことをベースに考えてみよう。１トロイオンスの金価格は、２０２４年10月には２８００ドルに迫る勢いにまで上昇した。12月には、平均して２６５０ドル前後となった。

１９７１年のニクソン・ショック以前は１トロイオンス＝35ドルで交換していたのが、53年後の２０２４年９月と10月には２７００ドルを超えた。「2700÷35＝77」となり、単純にゴールドはドルに対して77倍になったことがわかる。逆に現在の１ドル紙幣の価値は、当時の１ドルの価値に比べて77分の１、「1÷77＝0.01298」、なんと１・３％分の価値にしかならない。つまりドルの価値は約77分の１になったということだ。言ってみれば、ドルの価値は当時に比べて紙屑《かみくず》に近づいているのだ。

これほどドルの価値が暴落しているという事実、このことを理解することが、とても重要だ。読者諸氏にはこの現実をよく考えていただきたい。後の章で詳しく述べるが、何らかの形でＢＲＩＣＳプラス諸国のデジタル通貨などが汎用化され、ドルの流通量が減っていけば、世界中が米ドルの現実に気がつき、さらにドルの価値が暴落するスピードを速めるのは確実なのだ。

■米国経済を破綻に導く過剰債務と巨額なクレジットカード・ローン問題

そんな米国が直面している経済状況はどうなっているのか？

２０２４年末、米国クレジットカード・ローン残高は過去最高に近い水準に達していた。繰り返しになるが、ＦＲＢによると、第３四半期のクレジットカードの未払い残高は1兆１７００億ドル（約１７６兆円）を超えており、インフレや高金利の影響で増加傾向にある。

２００８年に発生したリーマン・ショック時に過去最高と言われたクレジットカード・ローン残高が８５００億ドル（約１３０兆円弱）であったことを考えると、今の水準がさらに巨額に膨れ上がってきているのがわかる。

残高が増加しているのは、消費者がより多くの借り入れを行っていることに他ならない。消費者の負担に着目すると、現在の高金利環境下ではクレジットカードの金利も上昇しており、消費者が返済に苦しむケースが増加している。この点はリーマン・ショック時と同様、経済全体への多大なリスクを潜在的に孕んでいることになる。

図12　米国の個人ローン残高（四半期毎 2003年〜2024年）

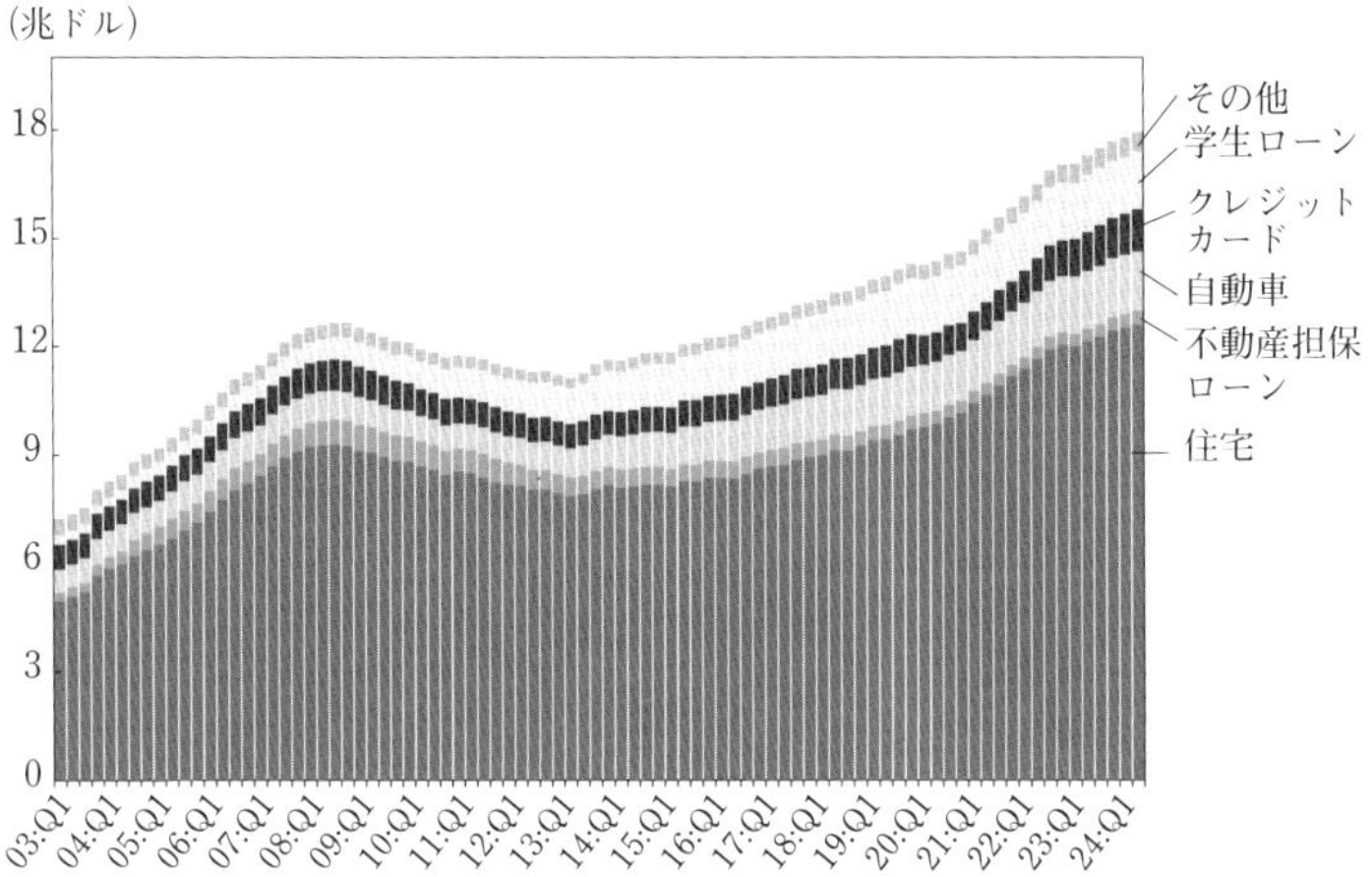

出所：ニューヨーク連邦準備銀行の資料をもとに筆者作成

ＦＲＢの金融政策において金利を高く維持していることが、米国の多くの国民を〝困窮化〟させている。この高い金利負担が米国ＧＤＰの７割弱を占める個人消費を圧迫しており、それが後々、ボディブローのように米国経済にダメージを与えていくのは確実であろう。

さらに、米国の２０２４年第３四半期の全体の家計債務残高は17・９兆ドル（約２６８５兆円）と過去最高水準に達し、このうち住宅ローンが12・６兆ドル（約１８４５兆円）と全体の７割を占めている事実がある（図12）。

米国は経済成長を遂げてきたにもかかわらず、所得の分配が〝不均衡〟のままだ。これが富裕層と中低所得層の間の格差を拡大させており、生活の質に大きな差が生じている。食品、エネルギー、住居費など生活に不可欠なものの価格が上昇し、家計に大きな圧力をかけている。加えて、インフレにより実質所得が減少し、生活費の負担が増している。とりわけ都市部での家賃が高騰しており、住宅の値頃感が失われてしまった。家計の大部分が住居費に消え、他の支出が困難になってきているのだ。

そして、ついに堅調とされてきた米国の個人消費に〝変調〟の兆しが顕著になってきた。2024年4~6月にクレジットカードの支払いができずに延滞した割合は、なんと9%を越え、2011年以来13年ぶりの高水準となった。さらに次の7~9月の第3四半期も高い延滞率が続いている。

融資を受けるカード・ローンの高金利化が影響しているのだ。FRBによると、2024年8月時点で、カード・ローン金利は年率21・76%と〝過去最高〟となった。金利が高ければ、返済が滞りやすいのは当然である。

米国のGDPの7割を占める消費が鈍れば、企業業績や金融政策などに影響が広がりかねない差し迫った状況となっているのだ。

■ドル／円の習性は、ドル高の期間が３年半サイクルである！

ドル／円の過去30年の相場展開において、１９９０年代の湾岸戦争や、２０００年代の米国同時多発テロからイラク戦争、直近ではロシアVS.ウクライナ紛争まで戦争に関わった時のドル高は、戦争が始まったためにドル高になるわけではなく、攻撃が開始される前の部隊の移動や準備段階からドル高に振れていくが、その期間は３年半のサイクルである。

戦争終結に向けては、その戦後処理が厳しく、いずれも戦争後は、１ドル＝80円方向の超円高となる長期のドル安円高へ推移している。

米国の為替政策（米財務省が年に２回公表する為替報告書に明記される）が、ドル高政策に転換した際にもドルが上昇した期間は３年半のサイクルであった。

図13　ドル/円の推移（四半期足・2010年1月〜2024年12月）

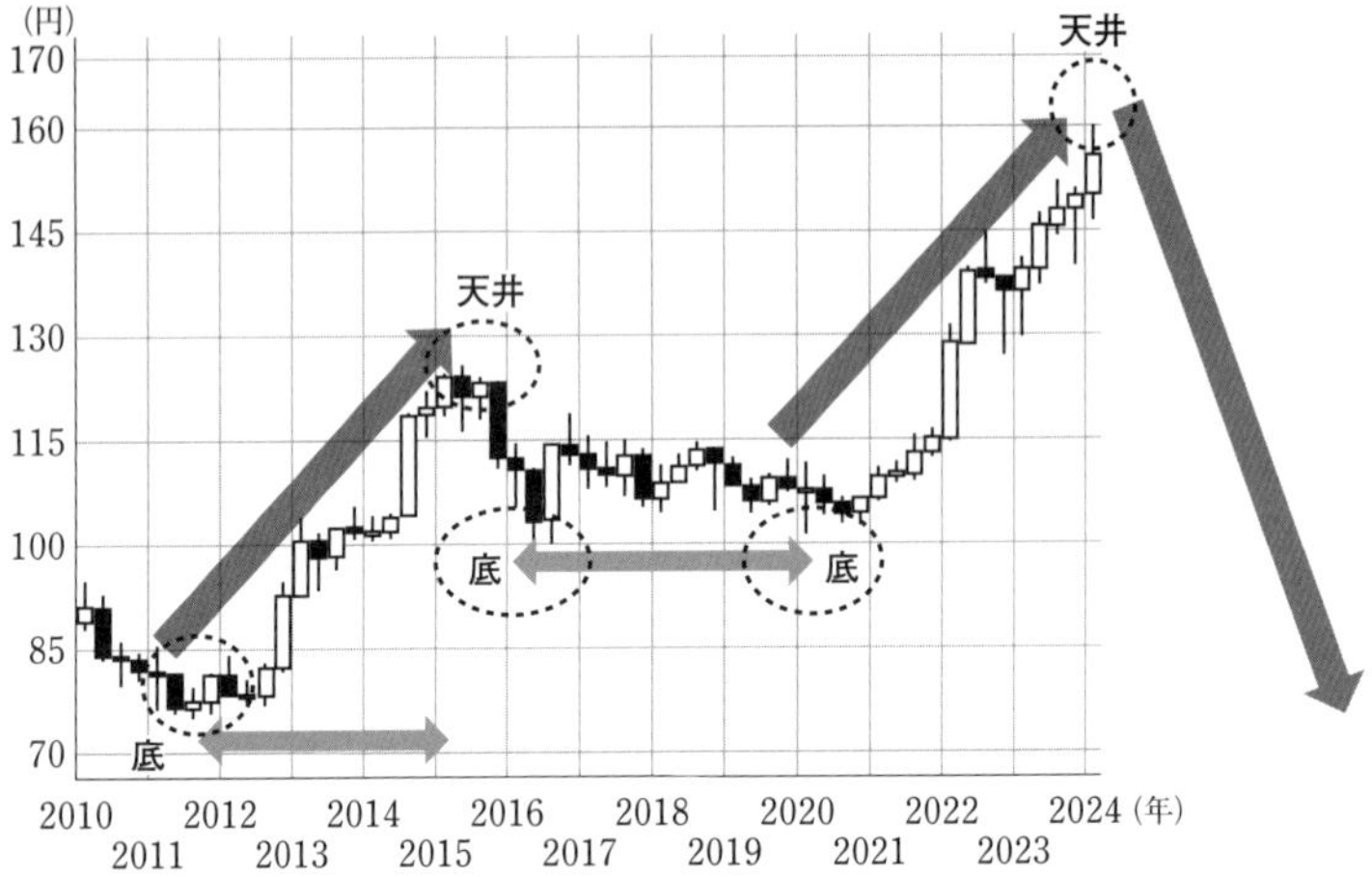

出所：長期チャートかぶれんをもとに筆者作成

■ ２０２４年はいつまでドル高が継続するのかを日柄で計算する

まず図13から、ドル／円が上昇期間に突入してからドルの安値とドルの高値（底と天井）サイクルから、次のドルの底値がいつかを計算してみよう。

①２０１１年10月のドル／円の最安値（75・50円）から２０１５年6月のドル／円の高値（１２５・50円）までに要した期間が、およそ3年半の１８０〜１８５週間となる。

②２０２１年1月にドル／円が長期にわたる調整期間が終了したドル／円の安値（１０２・00円）に、およそ3年半を要す

る期間となる１８０～１８５週間を足せば、ドル／円の高値となる日柄が、２０２４年6月30日と計算できる。

この前後１ケ月がドルが高値を付ける当面の天井になると予測していた。結果的には、予測の３日後となる２０２４年7月3日の東京時間にドル／円は、１６２円の最高値を示現した。

③このドル／円の天井から目先のドルの底入れまでも概《おおむ》ね計算式で確認できる。チャートの中間に位置している底から底の期間がおよそ２３８週間であり、１８０週間を差し引けば、58週間となる。２０２４年7月3日の58週間後にあたる２０２５年8月15日の終戦記念日の前後１ケ月のうちにドル／円の底を確認するとみている。

ただし、長期的には図14で示している１９９０年から１９９５年に示現したドル／円のチャートを踏襲するとみている。

２０２４年の後半、ドルがゴールドに対して暴落中にもかかわらず、世界の多くの投資家は円キャリートレードでドルを買っていた。そのドル高円安状態が崩れた第一段階が、２０２４年の8月5日のドル／円の為替であった。１ドル＝１６２円前後から、一時は

図14　ドル/円チャート（月中平均値　1990年1月～1995年12月）

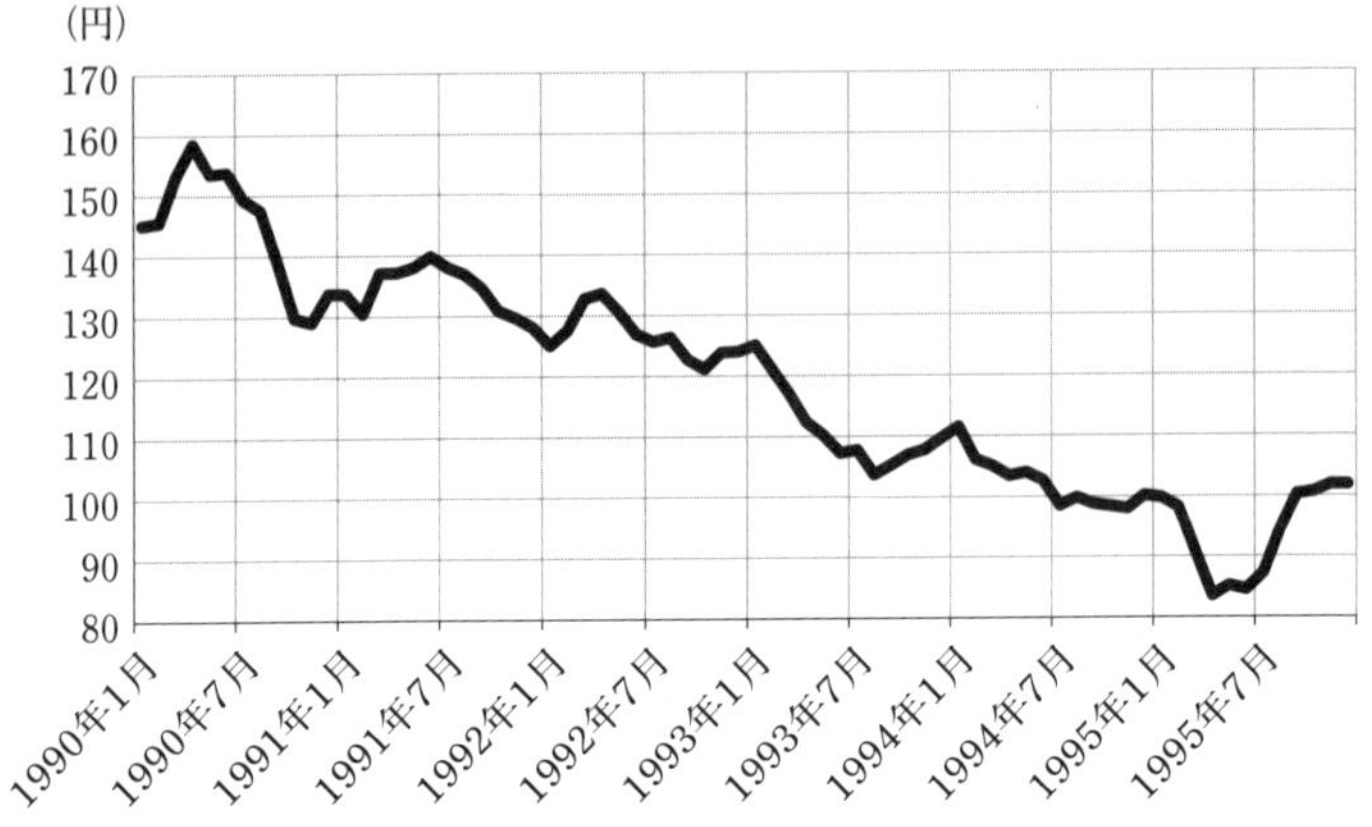

出所：日本銀行のホームページの資料をもとに筆者作成

140円まで、一気に20円以上もドルが下がった。しかし2024年の11月のトランプ次期大統領の決定後はドルが値を戻し、1ドル＝152～155円前後を行き来している。

それではドル／円は、今後、最終的にどこまで落ちるのだろうか？　本来ならば、購買力平価法からドルと円の供給量を比較すると、1ドルが115円あたりという数値が弾き出される。ところが、ドル／円はここ半年でそれより30％以上もオーバーシュート（＝ドル高）になってしまっていた。

もともと為替には「振り子の法則」というものがあると関係者の間では言われている。適正値以上にオーバーシュートしたら、逆方向にも同じだけ振れるというものだ。だから、今後のドル／円は、円高方向に振れた場合、80円、70円レベルまでの円高ドル安になる可能性もある。

ここでもう一度、１９９０年から１９９５年に向けてのドル／円チャートをご覧いただきたい（図14）。１６０円から80円まで円高ドル安になった。これと同じ状況になるはずだ。

この状況を招く主因は、あくまでも円買いではなく、ドル売りである。それはこれから米株が致命的に崩れるというシナリオが到来するからに他ならない。

しかし先に述べたとおり、ＦＲＢはリセッションを認め、遅いとはいえ大幅利下げに踏み切った。だが株式市場のほうは、利下げがインフレの鎮静を促すものだと思い込んでいる。実際にはスタグフレーションに陥っていくリスクが高まっているにもかかわらず……。景気が悪くなり、株価も通貨も暴落する。しかも物価は高止まりするので、消費は落ち込む。この状態がまさにスタグフレーションなのである。

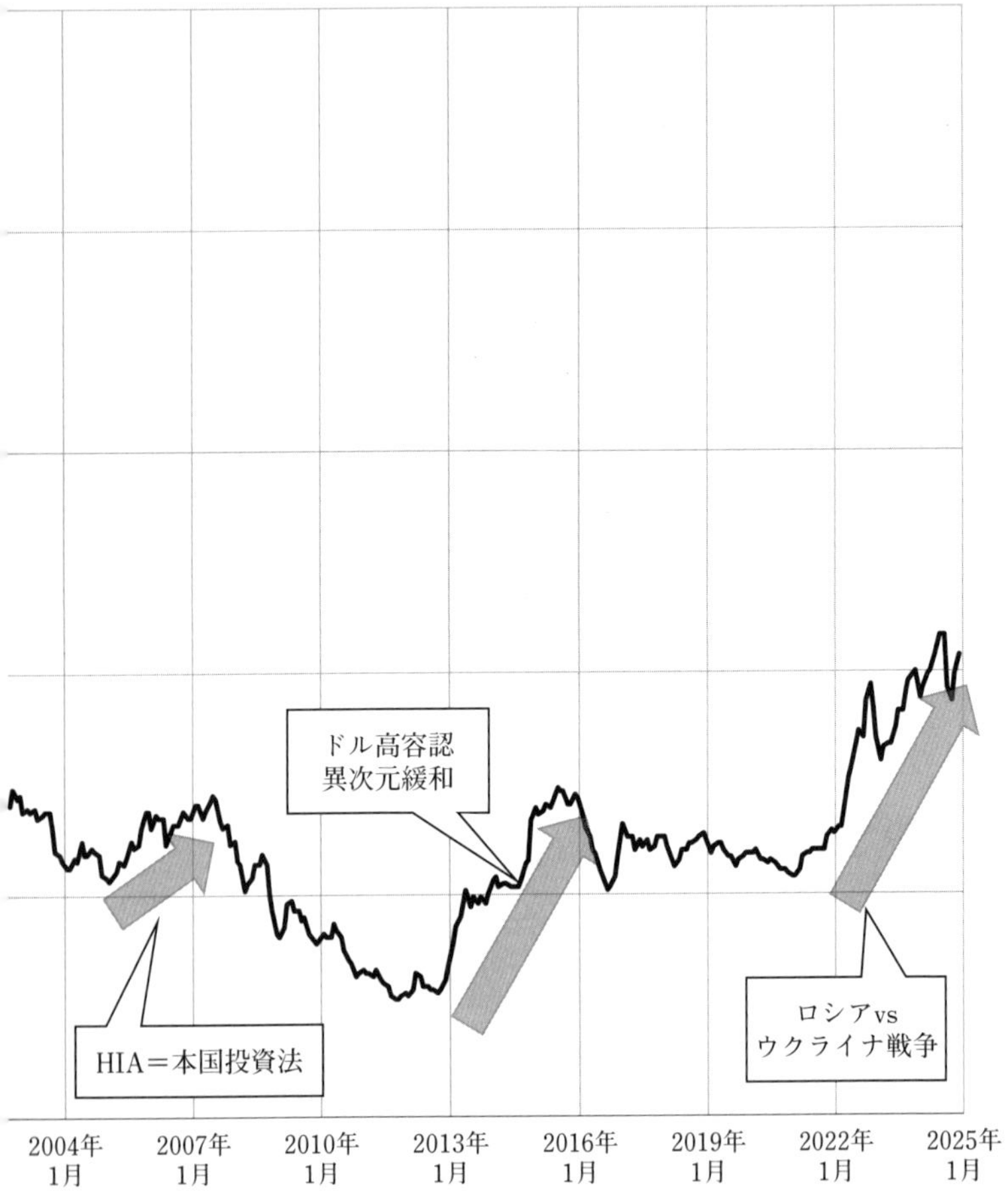

出所：日本銀行のホームページの資料をもとに筆者作成

図15　ドル/円 長期チャート（月中平均　1980年1月～2025年1月）

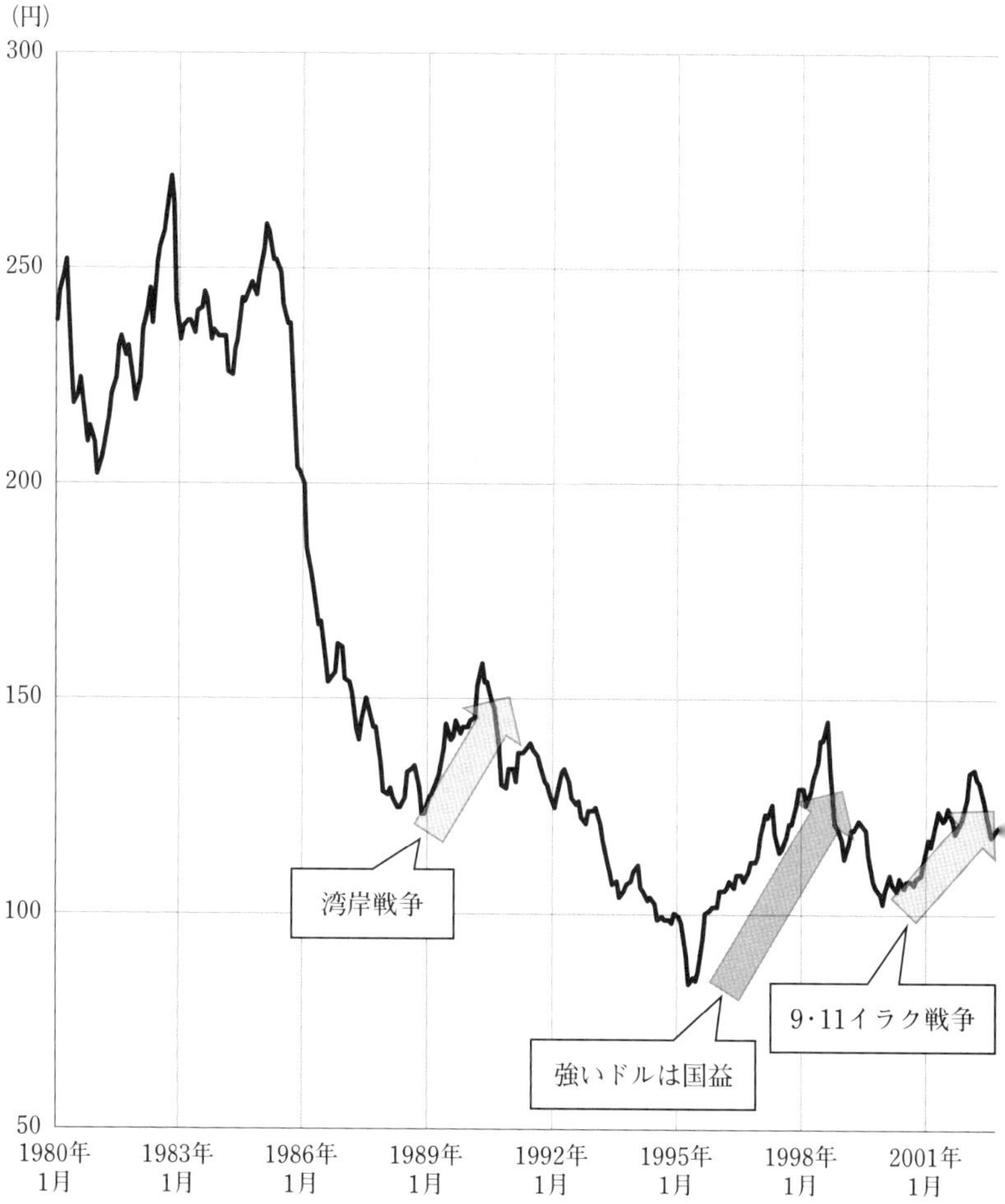

これが米国経済の現実の姿だから、どう控えめに捉えても、バブルの崩壊、すなわちクラッシュは時間の問題であろう。もしクラッシュが訪れた時にドルはどうなるのか?

心配ご無用とばかりに、すでにドルを持っている金融の強者たちは、どんどんドルを売りに出している。最右翼はグローバルマクロなファンドを運用するヘッジファンドの連中で、凄《すさ》まじい勢いでドルを売り浴びせている。

しかしながら、マーケット全体としては鈍感というか、そうは思っていないようなのだ。1ドル=161円から140円まで来たのだから、どうせまたドル高に戻るはず。そんな甘い予測で相場を眺めているのであろう。

最終的に1ドル=80円、あるいは1ドル=70円までドル安になった時、ドルを持っている側は大変な事態に追い込まれるに違いない。

米国株については、2年前の2023年3月に前著で予測したとおり、2024年の春から上昇した株式相場においては、紆余曲折がありながらも、冬場にかけてNYダウ、NASDAQ、S&P500が揃《そろ》って史上最高値を更新してきた。こうした展開を意外と思った人たちも多かっただろうが、こうして米国株式市場の景色が変わってくると、どうしても楽観論が支配し、市場全体が〝ユーフォリア〟の世界へと陥っていく。

■バブルは所詮、バブルでしかない

これが相場の常というものなのだ。これまでのバブル崩壊の悪夢は頭の片隅に追いやられ、「今度は買いだ、買いだ！」の声だけが盛り上がってくる。「これまでとは違う。TTID！（This Time Is Different）」「今回の相場はバブルではない。米国株式市場は盤石だ」と。

これと同じ現象が1990年1月に我々の日本でも実際に起きた。日本の大物財界人や著名エコノミストたちは、その前年末の年の暮れのインタビューで異口同音に「来年の日経平均は少なくとも5万円、いや7万円となる可能性もある」と、笑顔で答えていた。今思うと、まったく的外れの発言を繰り返していたのだ。

だが、バブルは所詮《しょせん》バブルでしかない。

いつかまた値を戻すだろうと思っている限り、それまで買いに加わってきた人たちは逃げられない。私はそうなった時に、なんとか逃げる手段として、米国債やゴールドを買うことを推奨してきた。株式では、エネルギー関連株などを買って急場を凌《しの》ぐ具体策を示してきた。

けれども、おそらく多くの人たちは、まずそのとおりにはできない。自分のアセットを機敏に動かせる人はそう多くない。10人中9人はできないだろう。なぜなら、暴落過程に晒《さら》された際、パニック状態に陥った我々人間の思考では〝正常〟な判断ができないからだ。コンピューターによる自動決済ならいざ知らず、人間は恐怖が先に立ってしまうので、冷静な損切りができないのだ。いつか値を戻すだろうという希望的観測を捨てられない人がなんと多いことか。

ここから暴落すると思っている時には、怖くて手が出ないものである。逆にガーッと最高値まで上がってきた時には、さらに上がるだろうと市場参加者の多くが根拠のないユーフォリア状態に包まれ、それを追い風にさらに買い進めるという失敗をおかしてしまいがちなのだ。

■持ち株を売りまくる著名投資家たち

リーマン・ショック後のNYダウ安値6500ドルから6倍以上という、どう考えても高すぎる米国株を、大多数の投資家が〝安心？〟して買っている時に、せっせとそれらを売っている人たちがいる。それは誰だろうか？　それを調べると〝勝ち組〟が透けて見えてくる。

例えば、ウォーレン・バフェットは2024年の秋の時点で、自社のアセット100兆円のうち40兆円以上を現金に戻していた。バフェット同様、アマゾン創業者のジェフ・ベゾス、メタのマーク・ザッカーバーグ、JPモルガンCEOのジェイミー・ダイモンらの大富豪たちも、判を押したように自社株を売っていた。

他にも著名投資家たちの動向を調べると、その大半が2024年の秋の時点で、持ち株を売っていることが判明した。このことは極めて重要である。なぜなら、彼らはその3年ほど前からそうしたIT・AI関連銘柄を仕込んで買っていたからだ。

個人投資家が目に見えて強気になっている時期を見計らって、マーケットでは決まって個人投資家を〝釣る〟ような動きが生じる。今回は、日本ではＮＩＳＡ（少額投資非課税制度）の導入もあって投資家の裾野が広がった結果、米国のＳ＆Ｐをベースにした ＥＴＦ（上場投資信託）や通称「オルカン」と呼ばれる投資信託（「オールカントリー型投資信託」）が数多く登場し、広く宣伝された。しかし「これ一本で大丈夫」というような商品が話題になった時には、名だたる投資家が猛烈な売りに出るタイミングであり、いわばその〝合図〟のようなものなのである。ある米国の投資信託の会長がいみじくも言っていた。

「個人投資家が飛びついた時には、もはやそのマーケットは終わりなのだ。いつもそうだ」

繰り返すが、個人投資家の大半は頭の中を切り替えなくてはいけない時に、切り替えられない。なぜなら、彼らには、売るべきタイミングがわからないからだ。だから損失をこうむることから逃げられない。相場がクラッシュして、ピーク時から6割、7割落ちた時に、「ああ、2024年のあの時はバブルだったのだ」と初めてわかるのだ。そこまで落ちなければわからない人が多いのも現実なのだ。

そのような悲劇に見舞われないよう、なんとか個人の金融資産をプロテクトするために、私は前著や日々のSNSを通じて、分散投資を繰り返し提案してきた。

「日本の個人投資家は少なくともゴールドにはポートフォリオの10～20％、短期米国債に10～20％、資源エネルギー公益株に10～20％に分散して投資すべきである。そして、とにかく残りの40～50％は現金にしておくべきである」

これは私の強い思いであるし、今もその主張は変わらない。

けれども、私の思いとは裏腹にそのような行動に出る人はことのほか少ないのではないか。それでも、悲劇に見舞われ、途方に暮れる日本人投資家たちに立ち直ってもらえるよう、手立てを講じるのが私の使命だと感じている。

■暴落のサインは「大勢」の示現

主に株式市場の天井において現れる暴落のサイン「大勢《たいせい》」について考えよう。

為替市場では、値動きが早すぎるので、「大勢」チャートの出現を待っての取引では、よほどのプロフェッショナルでない限り到底間に合わない。そのため、この「大勢」のチャートは、株式市場での利用をメインと考えてもらえればと思う。この「大勢」チャー

日経平均は1989年12月につけた3万8915円を最高値として翌1990年の1月、2月、3月と月足ベースで3ケ月連続安となる大勢チャートが示現した（小さい四角枠で囲った部分）。バブルの頂点（起点の安値から5倍以上）で大勢が示現した場合、3ケ月間の高値と安値の値幅分の暴落が、さらに2回分下落することになるから、①→②→③の矢印の先までが最終ターゲットとなる。“ただ”にまではならないが、相当な覚悟が必要となる。
2008年10月6994円
新たな6陽連
2000
2002
2004
2006
2008
2010
2012
2014
2016
2018
（年）
底入れ（最安値）まで20年

出所：日経平均プロファイルをもとに筆者作成

図16　1980年から2020年までの日経平均株価の月足ローソク足チャート

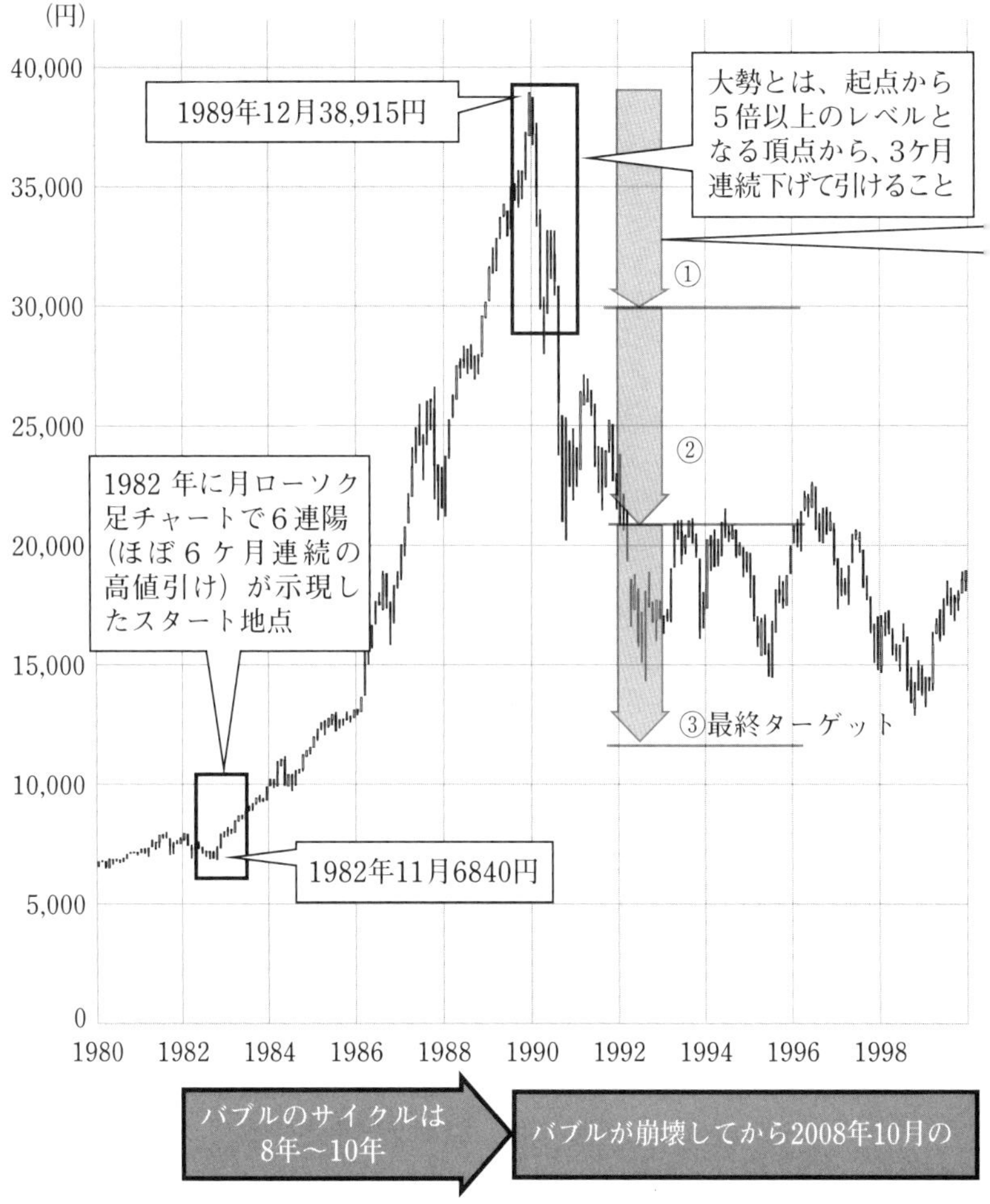

トの研究者として名高い伝説の相場師吉田虎禅《こぜん》は、まさに日本のバブル絶頂期にあたる1980年代後半に、皆が株式市場に強気だった時に、ただ一人〝相場反転〟を予想した人物である。

「大勢」の示現はバブル崩壊、株価暴落のサインとなるが、その具体的な前提条件・確認方法および使い方は次のとおりと理解している。

①バブル相場の起点から8年前後かけて指数が6倍近くのレベルに価格が到達していること、ただし今回は史上最大最後のバブルにふさわしく、リーマン・ショック崩壊の2009年から倍の年月となる16年が経過している。さらに、起点の底となるNYダウ平均株価が6500ドルから6倍強の4万5000ドルまで到達している。

②その頂点（臨界点・限界点）から3ケ月間連続して下落を見せる月足が3ケ月の陰線引けとなること。この天井から3ケ月連続安の陰線で引けることが「大勢」のサインとなる（2024年12月のNYダウ平均株価は、4万5000ドルまで高騰した後に、3000ドル安となる4万2000ドルまで1ケ月間かけて下落して引けた。月足が大陰線となった1ケ月目である）。

③頂点から月足でみた最初の３ケ月間の高値と安値の値幅が「大勢」チャートの基準となる。

④頂点からこの最初の３ケ月間の値幅を単純に2倍にして下げたところを「長大勢《ちょうたいせい》」と言い、下値の一つの目途となる。

⑤頂点からさらに、最初の３ケ月間の値幅を3倍にして下げたところを「超長大勢《ちょうちょうたいせい》」と言い、ここまでを想定すると〝ただ〟とまではいかないが、頂点から最悪10分の１まで大暴落したあたりが最終的な下値の目途となる。

■１００年に一度の金融暴落グレートリセットをビジュアル効果で捉える

次ページ以降の「米国のＮＹダウの月足ローソク足チャート」（図17、図18）を見てほしい。四角の太枠を比較して俯瞰すると１９２７年から１９３２年にかけてのＮＹダウの5年間の相場展開（図17）と２０２２年から２０２７年にかけての5年間の相場展開（図18）をビジュアル的に捉えることができる。ここから２０２５年以降に大相場が相似形となって再現していくであろうとみている。

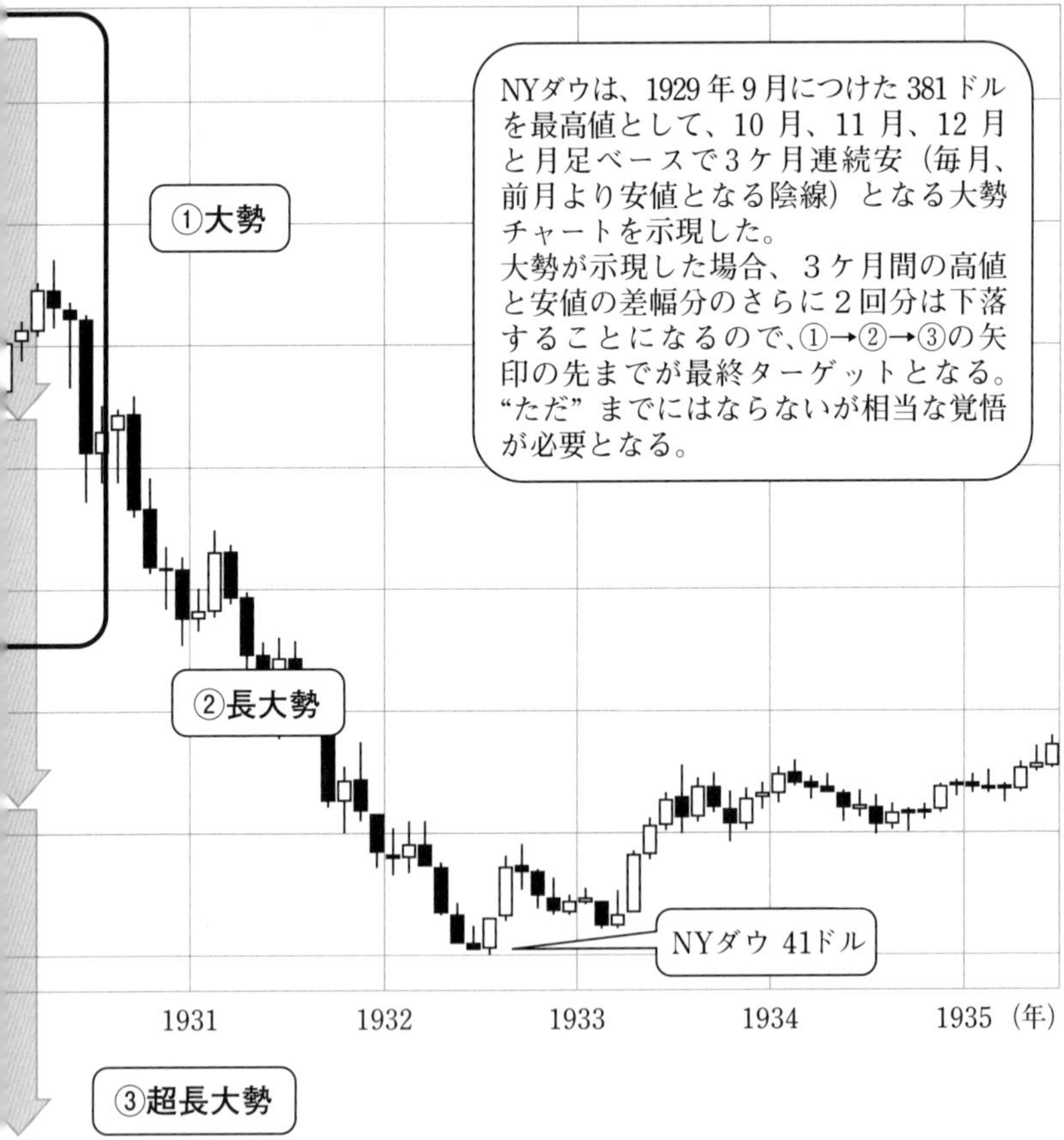

出所：かぶれんをもとに筆者作成

図17　1925年から1935年までの米国NYダウの月足ローソク足チャート

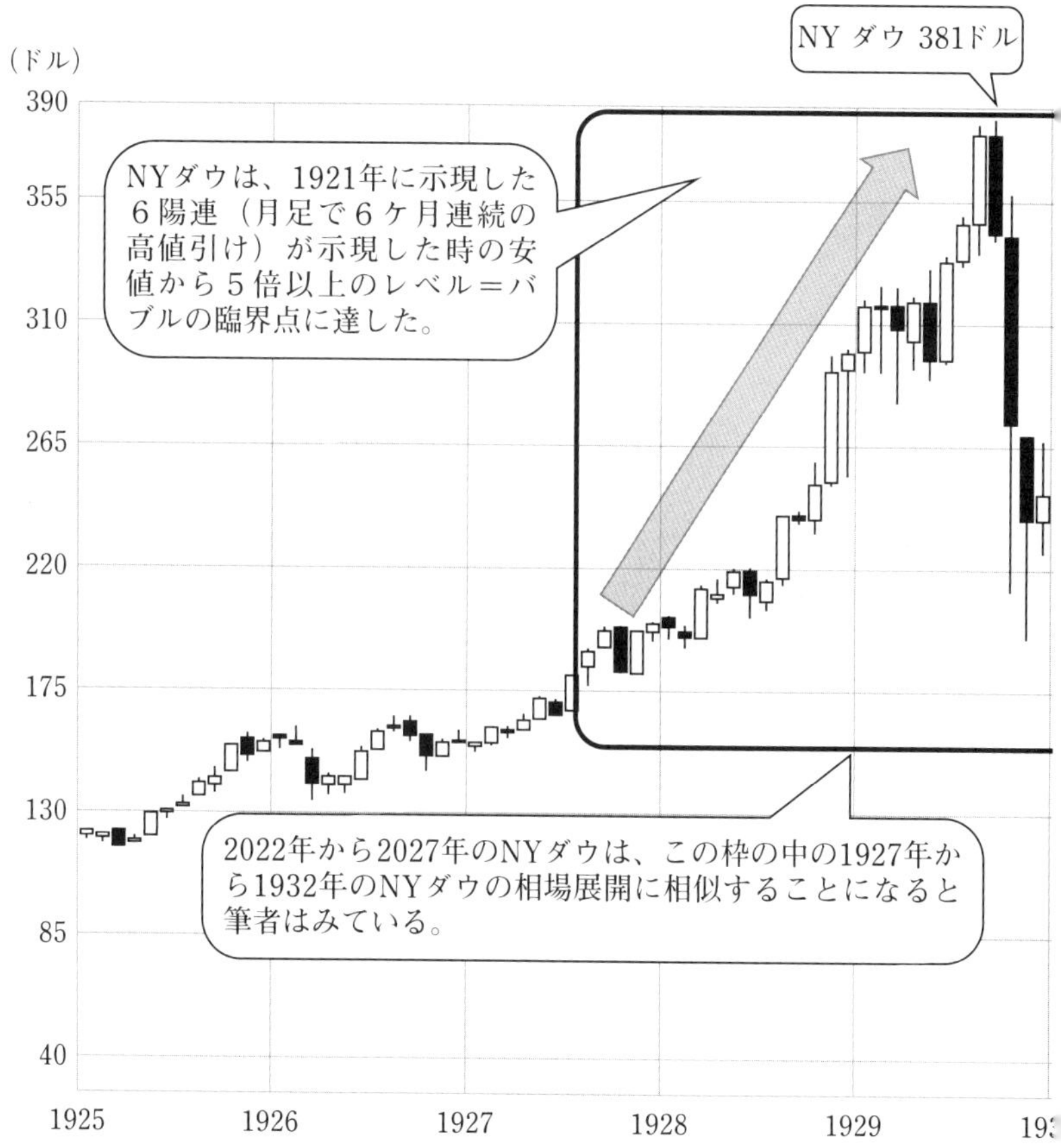

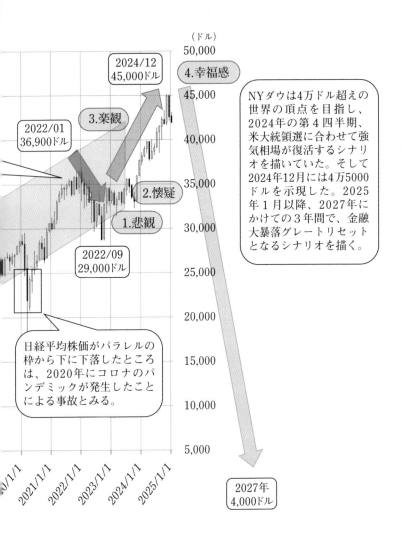

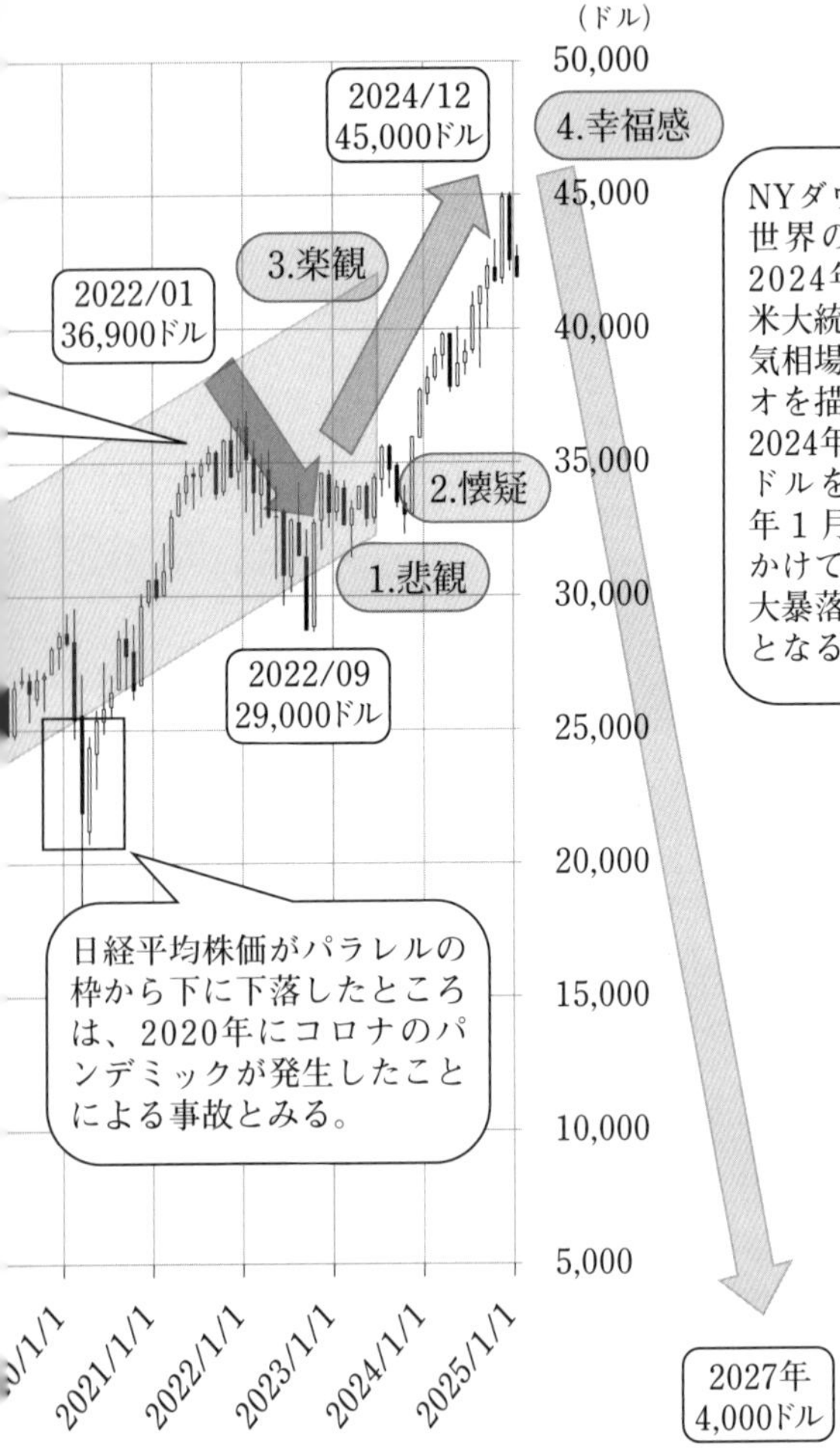

出所：インベスティングドットコムのデータをもとに筆者作成

図18　NYダウ株価の2008年以降の月足ローソク足チャート

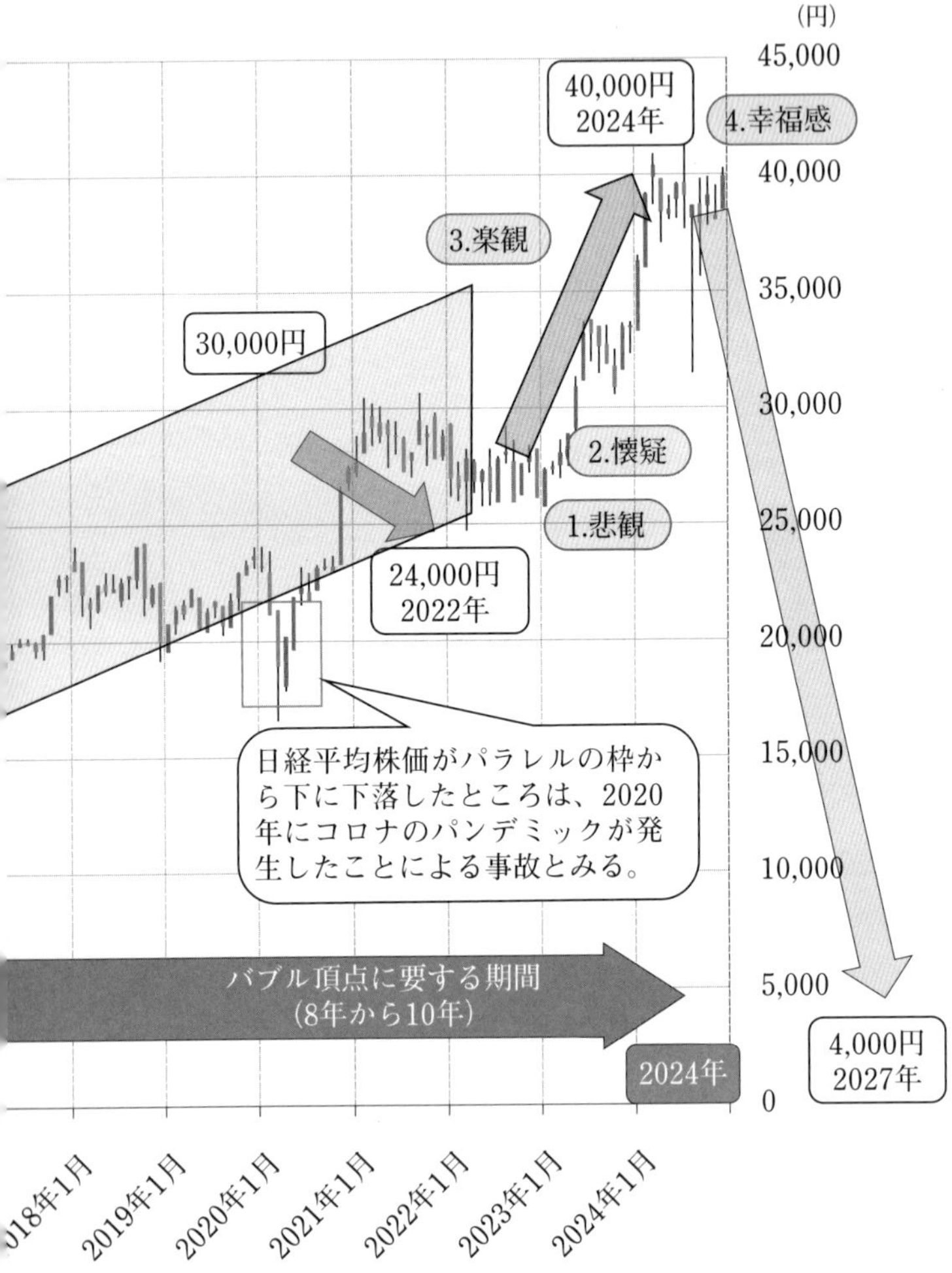

出所：日経平均プロフィルのデータをもとに筆者作成

図19　日経平均株価の2009年底入れ以降の月足ローソク足チャート

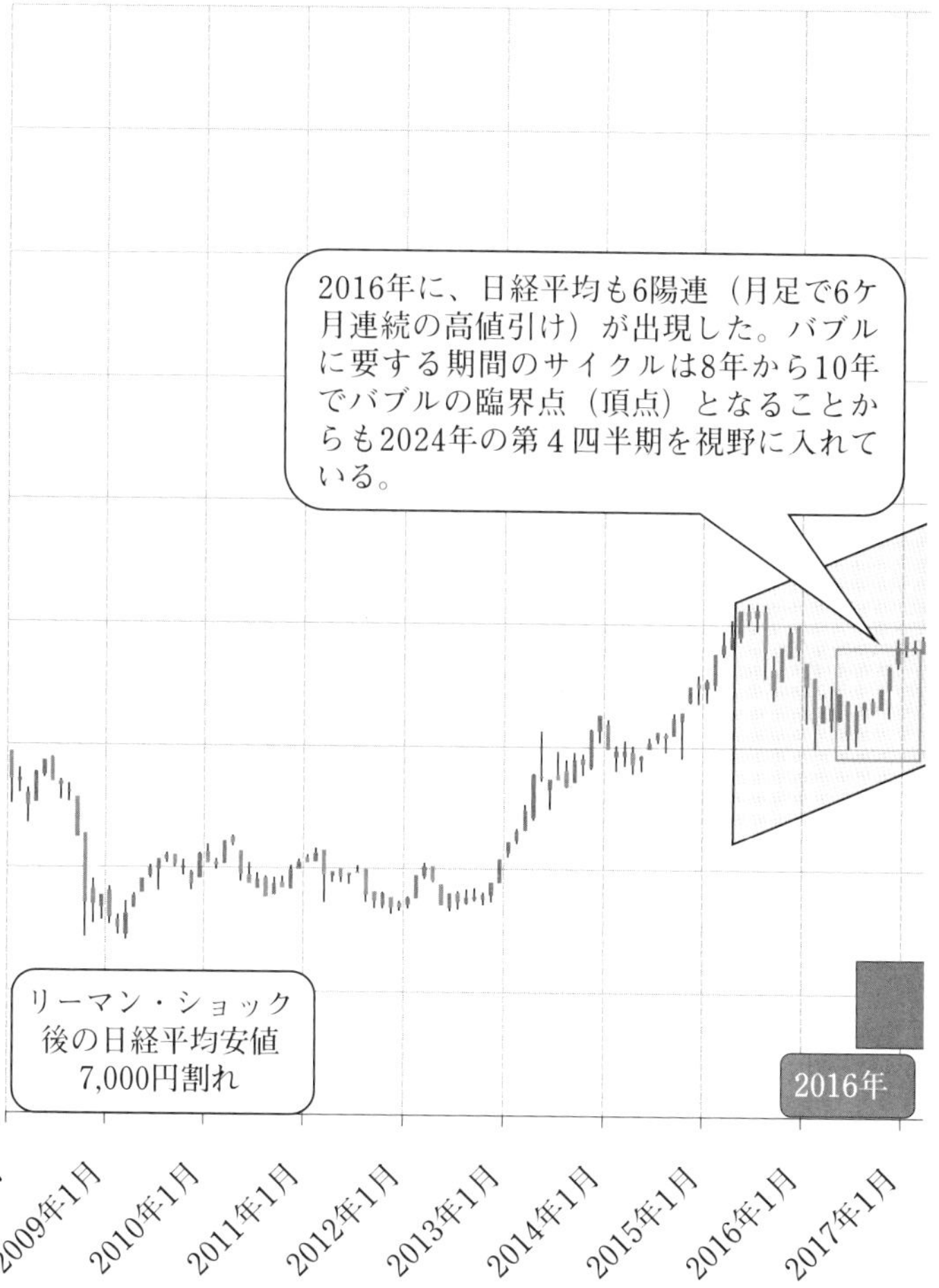

そして株式市場の暴落から金融恐慌を招き最終的に世界恐慌を引き起こした1929年の暗黒の木曜日から1932年の3年後の底入れまで、当時の高値であった381ドルから41ドルまでの大暴落が示現され、NYダウは約10分の1までとなった。今回の下落相場でも同じような「金融暴落グレートリセット」が再現されるとみている。

すなわち2年前に刊行した第一作目で示したとおり、2024年11月の大統領選を前後2ケ月してNYダウは、4万ドル超えを目指した強気相場が展開した。そして2024年末に4万5000ドルという米国史上最高値を示現したことでピーク・アウトし、その後、2025年から2027年にかけて3年間で、約10分の1となる4500ドルあたりまで大暴落していくとみている。

1929年当時と今とでは、グローバル経済の経済規模もダイナミズムも経済環境も違いすぎると思われるだろうが、相場展開においてのチャートが、人々の「欲望」の臨界点の連鎖であることは、今も昔も変わらないパターンだと思っている。

日経平均はNYダウの相場展開と一蓮托生となるだろう。日経平均もNYダウが最高値を目指すのに合わせるように、2024年には、1989年のバブル時の最高値を超えて、7月には4万2200円を超える史上最高値をつけた。8月にひとたび下落はしたものの、12月にはNYダウの上昇とともに再び4万円を超えた（図19）。しかし結局はNYダウと同様に、２０２５年1月以降、２０２７年にかけての3年間で、「金融大暴落グレートリセット」に巻き込まれるだろうというシナリオを私は描いている。

先にも述べたが、大恐慌時の米国経済は、リセッションから大不況に突入し、約９５００行にも及ぶ銀行の破綻・倒産から金融恐慌を引き起こした。この原稿を書いている２０２５年の2月においては、幸いなことに〝暴落〟と言えるほどのクラッシュの兆しを示現するには至っていない。

ただ歴史を振り返ると、１９２９年から起きた世界恐慌の爪痕は、その後も長く残り続けた。一度クラッシュが起きてしまうとその回復には途方もない時間がかかるものである。１９２９年から１９３３年にかけて世界を巻き込んだ大恐慌から米国経済が立ち直り、本格的に繁栄を取り戻し、NYダウ平均株価が当時の高値を超えるまでに回復するのには、なんと25年もの長い歳月がかかった。これは誰一人、予想もできなかったことであった。

それと同じ規模の深刻な経済危機が米国に起こり、２０２５年から２０３０年まで米国株は暴落するだろうと私は予測している。最終的には世界恐慌のような状況に追い込まれるかもしれない。この間に、米国株全体がV字回復することは望めないだろうと私は思っている。

■「DeepSeek・ショック」でAIバブル・AIブーム1・0は終焉を迎える

書籍第二弾の『トランプ経済 グレート・クラッシュ後の世界』も最終的なまとめに入っていた2025年1月27日、AIバブル・AIブームの牽引役であったマグニフィセント7と呼ばれるビッグ・テクノロジー企業の雄として君臨していたNVIDIA（エヌビディア）社の株価が、20％近くも暴落した。同社は、GPU（高性能画像処理装置）技術の革新者であり、AI学習分野においてはAI市場で独占的かつ支配的な地位にある。テレビのテロップで流されるほどのニュースとなった。

注目したいのは、その巨額損失の金額の規模である。90兆円～100兆円にも及ぶ時価総額を、わずか1日で失ったのだ。日本の一年分の国家予算115兆円（2025年度見込み額）に匹敵するほどの莫大な金額である。

この暴落の原因は、中国で発表された新生成ＡＩのモデル「DeepSeek（ディープシーク）」が登場したことによるものである。DeepSeek 社が発表した「DeepSeek-R1」の性能が、サム・アルトマン開発による OpenAI 社の最新モデル ChatGPT4-o1 に匹敵するほどの性能を持つことが明らかになったからであった。

DeepSeek 社の新生成ＡＩモデルが発表されたのは２０２５年１月20日なのだが、「DeepSeek-R1」の無料アプリはアメリカで最速でダウンロードされ、たったの１週間で ChatGPT を抜き去るほどのことが起こっていた。

しかしそれ以上に世界が驚嘆し、注目を集めた理由は、その開発コストがあまりにも安かった（低かった）からだ。中国での発表によると、「DeepSeek-R1」の開発にかけた費用・コストはわずか６００万ドル未満と言われ、円換算で９億円足らずの金額だというのである。

この新生成ＡＩである「DeepSeek-R1」が発表されたことによって、これまでのＡＩ開発の常識が覆されることになったのである。この点は極めて重要である。

この開発コスト６００万ドル（９億円足らず）の安さがどの程度の極端に少額な規模なのかは、次に示すニュース・ソースを材料にして欲しい。

「トランプ劇場」の幕開けとして、ソフトバンク社、オラクル社、そしてOpenAI社が2025年1月22日に、トランプ大統領と共に発表した画期的なプロジェクトである「スターゲイト・プロジェクト（Stargate Project）」の記者会見の場において、ソフトバンク社のCEOである孫正義は、共同事業を立ち上げて2025年以降の4年間で人工知能・AIのインフラ開発、米国AI専用のデータセンターに5000億ドル（約75兆円）を投資する、と発表している。さらにマイクロソフト社も2025年にAI開発に1000億ドル（約15兆円）投資すると発表している。以上のことに鑑みると、この「DeepSeek-R1」の開発費9億円が、いかにわずかであるかが明白となる。[※5]

そしてここでテーク・ノートして置きたいことは生成AIの開発に最もコストがかかることになる「DeepSeek-R1」の〝AI学習・AIトレーニング〟には、NVIDIA社の高価格で高性能なAI向け最先端半導体のGPU「ブラック・ウェル」ではなく、米国から中国に向けてのAI製品の輸出規制から「型落ち製品」が用いられたことであった。

これは、今まで高性能な新生成AIを開発するにあたっては、高額であっても高性能なNVIDIA社のGPUを使用とすることが必要不可欠であるという世界のハイテク業界の常識が、一瞬にして覆されたのだ。NVIDIA社の最上クラスのGPUが必要不可欠ではなくなったことで、既存の半導体企業・ＡＩ企業の市場優位性が崩壊するリスクとハイテク市場に混乱をもたらすという不確実性が高まった。そのことが「DeepSeek・ショック」を引き起こし、一時的に市場がパニック状態に陥った。ＮＶＩＤＩＡ社株の買い持ち高を解消するために株式市場で売りが売りを呼んだ結果、わずか一夜にして株価を20％近くも暴落させたのだ。そしてハイテク市場全体を巻き込んだ急落となったのである。

話はここでは終わらない。

DeepSeek社は、革新的な新生成ＡＩモデルに関して、使用・複製・改変・再配布を自由に許可する寛容なＭＩＴライセンス下で、オープンソースとして提供している。これは新規参入してくる企業にとっては、破格の待遇とも言える。まさに無料で技術の門戸を開放したようなものだ。

これによって、将来的に第二、第三の「DeepSeek」が誕生することは、誰の目にも明らかだろう。世界の投資家の見方としては、ＮＶＩＤＩＡ社に限らず半導体企業全体への投資、ひいては莫大な資金を投入している米国ビッグ・テクノロジー企業であるマグニフィセント７の新商品の希望価格が抑制される圧力によって、資金回収に問題が生じるリスクが顕在化し、収益が圧迫されていくことが予想されるであろう。結果的に需要の落ち込みが必至となって資金を引き上げるアクションを取らざるを得ないこともあるだろう。なぜならば、マグニフィセント7の株価が既に天井を打ったからに他ならないからである。ＮＶＩＤＩＡ社に関しては、２０２４年11月〜２０２５年1月期決算の売上高が前年同期と比べ78％増の３９３億３１００万ドル（約5兆９０００億円）と好調であり、ジェンスン・ファン最高経営責任者（ＣＥＯ）は、DeepSeekを意識してか、「論理的に思考する（ＡＩの）モデルは１００倍の計算量を必要とする」と説明した。しかし株価の回復は、期待通りには進まなかった。他のマグニフィセント7の新商品についても、特に目を見張るほどの技術力の進展は見られない。

OpenAI社のアルトマン氏は、マグニフィセント7のいくつかの新作は計算能力が不足しており、技術力が追いついていないと発言しており、「ＷＳＪウォール・ストリートジャーナル」誌は、ＡＩのイノベーションは失速しており、ＡＩ技術は天井にあると警鐘を鳴らしている。いずれにせよ、ＡＩバブル・ＡＩブームは、２０００年のＩＴブーム・ＩＴドットコムバブル１・０が終焉してバブルが崩壊した時と、同じ道を辿るとみている。

そして株価にとっては、中長期的に調整局面となることは避けられないと見る。注意しておきたいことは、ＮＡＳＤＡＱ（ナスダック）の時価総額に着目したとき、マグニフィセント7はＳ＆Ｐ５００の30％を占めており、ほぼほぼこの7社が相場全体を牽引してきていることである。Ｓ＆Ｐ５００指数では、２０２３年からスタートした上昇トレンド相場が、２０２５年の第１・四半期で終焉する可能性は高いとみている。

今後、ＡＩ企業が２・０へ進化するためには、グレート・クラッシュの後に、ＡＩ専門のデータ・センターの供給が確立され、ＡＩに重要な需要電力が十分に確保されることが、最も重要である。ＡＩの次なる技術力の進展が認知されるであろう1、２年先まで、時間調整が必要だろう。

ところが、米国が面白いのは、そんな暴落の先にも、世界を凌駕《りょうが》するであろう新たに注目すべき分野の芽を多数、持っているということだ。そうした面では米国は〝不死鳥〟とも言えるであろう。

したがって、たとえ大不況に見舞われようと、２０３０年あたりから、再び米国企業は部分的な〝復活〟を見せてくるであろうと、私は確信している。その萌芽《ほうが》となる分野はすでに芽吹いていており、いくつかは新興企業の形で世に出ているものもある。そして2030年頃にはそれらの分野や企業が開花し、あるいは咲き誇っている可能性も高いだろう。

その新たな経済の鍵を握っているのが、ドナルド・トランプ大統領である。米国が国家として一丸となって、トランプの政策に沿って動いているからである。

詳しくは第5章において、論じたいと思う。

※5　データセンター……インターネット用のサーバーやデータ、通信、固定・携帯・IP電話などの装置を設置、運用することに特化した建物の総称

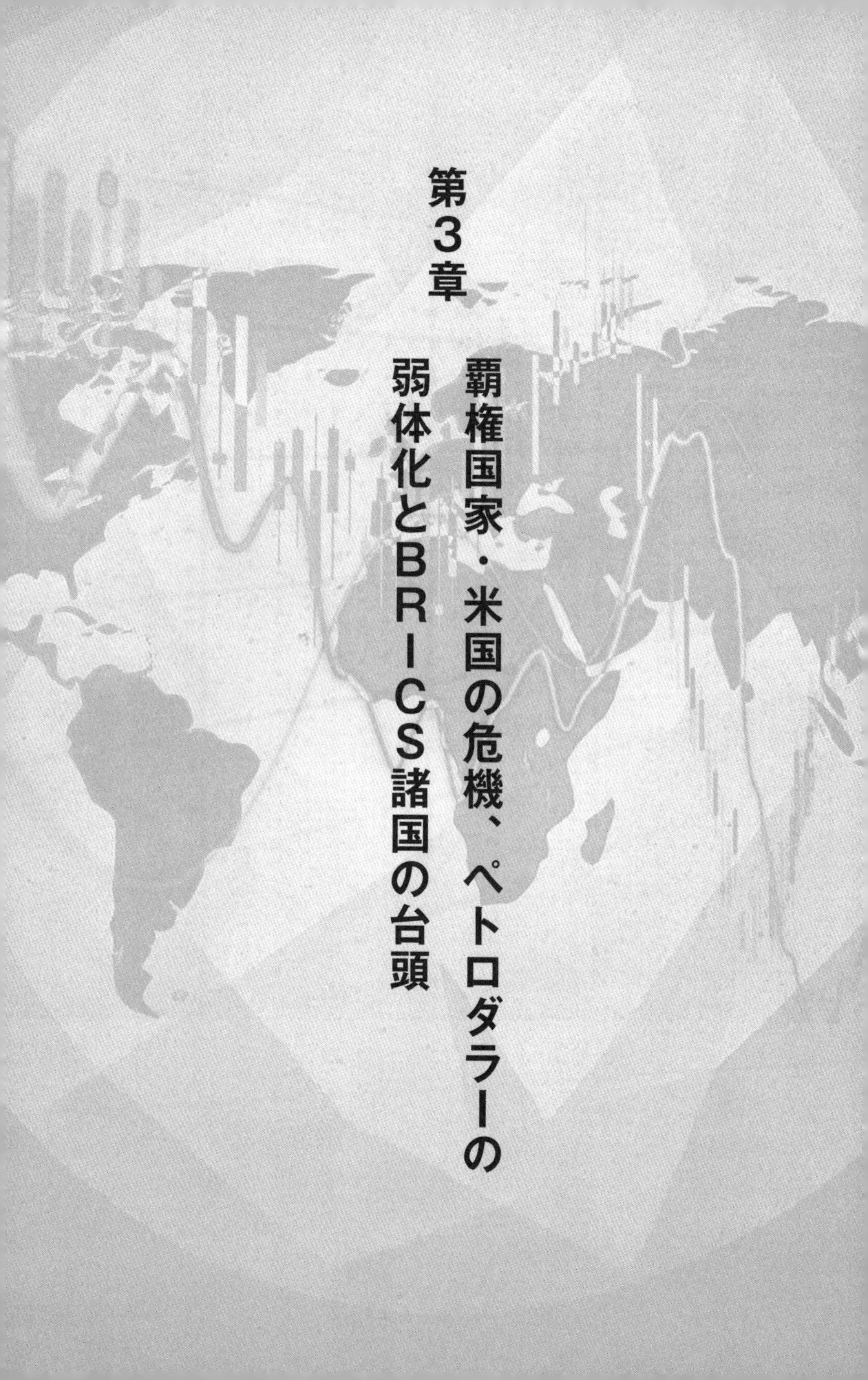

第3章

覇権国家・米国の危機、ペトロダラーの弱体化とBRICS諸国の台頭

■BRICSの結束の証のデジタル通貨は、クラッシュのトリガーになりうるか？

１９２９年の大恐慌は長期にわたったが、今回の問題は、何を材料としてそのトリガーが引かれるかだ。そのトリガーになりうるかもしれないと、２０２４年10月のＢＲＩＣＳプラス首脳会議を、私は注目していた。

思ったとおり、２０２４年10月22日から３日間にわたって行われたＢＲＩＣＳプラス首脳会議はおおいに注目された。結果的には、ＢＲＩＣＳデジタル通貨導入というトリガーが引かれることはなかったが、今後もその動向を見守っていきたいので、少し触れておきたい。

ＢＲＩＣＳプラスの加盟国は、ブラジル、ロシア、インド、中国、南アフリカの原加盟国５ケ国に加え、２０２４年１月からアラブ首長国連邦（ＵＡＥ）、イラン、エチオピア、エジプトの４ケ国が加わり、さらに２０２５年１月にインドネシアも加わって、計10ケ国となっている（サウジアラビアも前向きに検討中である）。

２０２３年には、ブラジルのルーラ・ダシルバ大統領がＢＲＩＣＳ共通通貨の創設を訴えた。２０２４年の10月、ロシアでのＢＲＩＣＳプラスのサミットの会議において「ＢＲＩＣＳブリッジ」と呼ばれる決済システムを導入することが決定された。すでに２０１９年より「ＢＲＩＣＳ　Ｐａｙプロジェクト」のもとに、さまざまな計画が進められていたが、今回は「ＢＲＩＣＳブリッジ」と呼ばれるより高度な技術基盤を要するデジタル上の決済手段について話し合われた。ゴールドなどのコモディティを裏付けにする構想があると言われるが、まだ詳細は報道されていない。ここ数年の中国やインドのゴールドの現物買いの多さも、この構想との関係が取り沙汰されている。

近年ＢＲＩＣＳが急速に力をつけているのは言わずもがなだが、２０２４年から前述の４ケ国が加盟した結果、世界の経済圏の３分の１に相当する規模にまで拡大したことになる。ちなみに、それらの国々の経済規模はすでにＧ７を上回っている。

一方、米ドルはどうか。覇権通貨であるという構造は変わらないとはいえ、そのトランザクト（決済）の量は次第に減少してきている。

例えば、中東の一部の国々は原油の輸入において、中国と人民元建てで取引する形に変えた。

そして、ここにきて中国を筆頭にアジア諸国が金（ゴールド）を躍起になって買っているのが気になる。周知のとおり、ゴールド価格が史上最高値を更新し続けている。これは逆に米ドルが〝暴落〟していることの証左でもある。

■ニクソン・ショックでメンツ丸潰れとなった米国

一方、長らく世界の基軸通貨を担ってきた米ドル（以下、ドル）がその地位を手放しつつある。

実状を説明する前に、米国の金融史をニクソン大統領時代まで遡ってみよう。いかにして米国がドルを世界の基軸通貨に仕立て上げたのか。それを再確認する必要があるからだ。

起点は1971年8月15日のいわゆるニクソン・ショックであった。

第二次世界大戦後、圧倒的な軍事力と財力で新たな覇権国となった米国のドルは、世界で唯一、1トロイオンス＝35ドルの公定交換レートでゴールドと交換可能な通貨であったため、世界中がドルを所望した。だが、そんな引っ張りだことなったドルに象徴される〝パックス・アメリカーナ的〟状況は、わずか四半世紀で終焉《しゅうえん》を迎えることになった。

各国が戦後復興に励み、米国の貿易収支が大幅に赤字化すると、米国が保有するゴールドの量から換算されるドルの値をはるかに超える金額のドルが、世界に流通するようになったからである。にもかかわらず、米国の貿易が成立していたのは、ドルとゴールドとの兌換《だかん》を貿易相手国が求めなかったことによる。

けれども、やがてフランス、スイス、ベルギーなどは我慢できなくなり、ドルとゴールドの兌換を頻繁に〝請求〟するようになった。米国の外貨準備額は１９７１年には危険水域と言われた１００億ドル近辺にまで落ち込んだ。

そして同年８月15日、ついに米国は金とドルの交換を停止し、一方的に金本位制の中止に踏み切ったのだ。

それ以来、その日のレートによって金1グラムに相当するドルの値が変わるようになったのだが、それに連動して、当時のドイツ・マルクやフランス・フランなどの通貨に対する金1グラムの値段も変わった。金1グラム分に各々の通貨の値段が対応することになり、やがてドルは実質的な変動相場制に移行していった。こうした政策は国際的なドルの信頼を揺るがす結果を招き、米国経済に悪影響をもたらした。ありていに言えば、ニクソン・ショックにより、米国はおおいにメンツを失ったのだ。

金本位制の放棄、オイル・ショック、ベトナム戦争などが重層的に絡み合い、1970年代の米国経済はかつてない厳しい状況に見舞われた。リセッション（景気後退）とインフレーションが同時進行する〝スタグフレーション〟が発生したのである。

この沈没しかけているボロ船同然となった米国経済を、一躍世界ナンバーワンの覇権国家へと蘇《よみがえ》らせたゲーム・チェンジャー的戦略が「ペトロダラー（＝米ドル）戦略」であった。

■米国復活の原動力となった「ペトロダラー戦略」

米国が中東、特にサウジアラビアを中心に働きかけたペトロダラー戦略には、大摑みに二つの命題があった。

まずは、石油取引を米国通貨ドルで行うことでドルの需要を高め、国際金融市場におけるドルの〝支配的地位〟を蘇らせる。

もう一つは、サウジアラビアに対する軍事的・経済的な支援を通じて、米国が中東全体の安全保障を引き受け、彼らと戦略的なパートナーシップを築くことであった。とりわけ冷戦時代、旧ソビエト連邦の影響を抑えるために、地政学的に重要なこの地域の安定を図る狙いが込められていた。

この二つの命題が補完し合いながら、米国はペトロダラー戦略を推進し、中東における自国の利益を〝最大化〟することに邁進《まいしん》した。そして結果的には、思惑どおり、ドルが世界経済を支配する構図をつくり上げていった。

その前提として、米国の軍事力をバックに石油輸出国サウジアラビアの王国制度を他国に容認させた。かつ、他国からの軍事的脅威を排除し、米国の最新鋭軍事兵器をサウジアラビアに貸与した。

以下は、米国がペトロダラー戦略を有効に循環・機能させるために編み出したいわば「方程式」である。

①石油輸出国における石油貿易の決済を〝ドル建て〟だけで行わせる。
②石油輸出国にその売上額（ドル）分の米国債を買わせる。もしくは、その売上額分を米国の銀行に預金させる（＝半永久的に米国財政を下支えさせる）。

③米国は石油輸出国から結果的に〝調達〟した資金を、諸外国に対してのプレゼンス拡大のために、資金援助の形で貸し付ける。
④諸外国は米国から援助された資金で、サウジアラビアをはじめとする石油輸出国から石油を購入する。ただし、当該決済はすべて〝ドル建て〟とする。
⑤米国を中心として世界全体の経済力を基軸通貨ドルで底上げしながら、実は、ドルは最終的に米国に〝還流〟されるという流れをつくる。

この何とも独善的な「ペトロダラー戦略」がスムーズに機能する限り、米国は輪転機で自国通貨ドルを刷ることのみで資産を増やすことが可能だ。この仕組みのおかげで米国は、その後、半世紀以上にわたって、世界経済の覇王であり続けた。世界ナンバーワンのGDP（約25兆4700億ドル）を叩き出すとともに、世界最強の軍事力を擁するまでに至った。

■玉突き式に低下してきたドルの実質的な価値

一方、ドルの実質的な価値は損なわれ続けた。

第2章でも説明したが、ニクソン・ショック以来、米国がドルとゴールドとの兌換機能を停止させたことで、1トロイオンス＝35ドルであったゴールドは、２０２４年11月現在、２７００ドル台にまで高騰した。言い換えると、1ドル紙幣の価値が、金本位制だった頃に比べて77分の1、すなわち正味１・３％の価値にしかならないほどまでに減価したことは、先にも述べた。つまりドルはゴールドに対して価値が暴落したことになる。

にもかかわらず、ドルが世界を支配する基軸通貨であり続けたのはなぜか？　それはドルが世界の基軸通貨として、世界の貿易決済の8割以上をカバーしてきたからに他ならない。だからこそ米国は覇権国家として振る舞うことができたのだ。

その強力な裏付けとなっていたのが、先に触れた国際原油取引の決済を支配するペトロダラーの存在であった。この領域に少しでも侵食を試みようとする者は容赦なく排除された。〝絶対的不可侵領域〟として、米国はペトロダラー戦略の維持に最大限、神経を尖《とが》らせてきた。

周知のとおり、かつてペトロダラーへの挑戦者として米ドル以外の通貨で石油取引決済を図ったイラクのサダム・フセイン、リビアのカダフィーらの野望は、完膚なきまでに打ち砕かれた。

しかしながら最近のデータによれば、石油取引決済におけるドルのシェアは減少傾向にあり、最近では70％割れにまで達している。これはドル以外のユーロ、ポンド、円、人民元、ルーブル等々での石油取引が増加しているからだ。

これこそは、すでにペトロダラー経済に頼る米国経済が、メルトダウンし始めている証左と言えよう。


覇権国家米国のペトロダラー戦略が、さらに行き詰まるとどうなるか？

まず考えられるのが、ドルの地位の一層の低下である。石油の取引が当たり前のように他の通貨建てで行われるようになると、ドルの需要が減少し、為替市場ではドル相場が下落し、国際通貨としての地位が弱まる。要は米国による世界経済の支配が脆弱《ぜいじゃく》化する。

またドルの価値が低下すると米国内の物価の高騰を招き、米国の消費者の購買力は低下し、経済成長も鈍化する。つまりドル安はインフレの進行を招き、国内経済に悪影響を与えるのだ。

そしてドルの価値低下が〝玉突き〟式に、米国の国際的な場におけるさまざまなプレゼンスの低下を促すのは必至だ。米国の外交政策や軍事的影響力も弱まり、他国との交渉や国際的な協力における米国の発言力にも陰りが見えてくる。

ペトロダラー戦略の行き詰まりは、国際金融市場にも確実に混乱をもたらすであろう。投資家の信頼を損なうことにより、米国株式市場や米国債券市場に深刻な悪影響を及ぼすことになるからだ。

また、中東における米国の影響力が弱まれば、同地域の地政学的リスクが高まり、他国（例えば中国やロシア）が、その〝空白〟を埋めるべく動き出している。

■米国の対ロシア金融制裁が「ＢＲＩＣＳブリッジ」の台頭を招く

米国のペトロダラー戦略がメルトダウンに向かいつつある中、先述のように２０２４年10月22～24日にＢＲＩＣＳプラス首脳会議がロシアの南西部の都市カザンで開催された。

かねてよりＢＲＩＣＳは、欧米の制裁の影響を受けない国際決済プラットフォームを構築する目標を掲げていた。

今回の首脳会議に先立ちロシア側は２０２４年10月16日、ブロックチェーン技術を利用し、グローバル決済における分散型決済システムの実装としては最大級と目される決済プラットフォーム「ＢＲＩＣＳブリッジ」がほぼ完成段階にあると示した。

「ＢＲＩＣＳブリッジは各国通貨に裏付けされたデジタルトークン[※1]を保管・移転することで、デジタル通貨の安全かつ容易な交換を実現。これにより、ドル取引が不要となる」（ロイター、２０２４年10月17日）

「ＢＲＩＣＳは中央銀行デジタル通貨（ＣＢＤＣ）や非現金資金、デジタル金融資産を使用した国境を越えた決済を実行するために、ＩＳＯ２００２２規格を実装するプラットフォーム・ＢＲＩＣＳブリッジを確立した」（ロシア中央銀行サイト）

ＢＲＩＣＳプラス加盟各国の中央銀行は２０２４年４月、ＢＲＩＣＳブリッジの創設に向け調整会議を開催。同会議では、①ＢＲＩＣＳブリッジによる決済、②そのためのインフラ形成、③加盟各国の通貨準備メカニズム改善、④マクロ経済、⑤情報セキュリティー、⑥フィンテック、などについて調整した。

ロシアがここまでＢＲＩＣＳ独自の決済プラットフォーム整備に躍起になるのは、以下の背景がある。ウクライナ侵攻に伴いロシアは、米国主導の極めて厳しい金融制裁に晒されてきた。ロシア中央銀行がドル建て資産を凍結され、国際銀行間通信協会（ＳＷＩＦＴ）システムを使用する貿易決済から締め出されるなど、にっちもさっちも行かない状況に陥った。

中国はロシアに寄り添う姿勢を示してきたが、インドをはじめとする他のＢＲＩＣＳプラス諸国に関しては、必ずしもロシアと同調・共振しているとは言えない。とはいえ、いずれ他のＢＲＩＣＳプラス諸国も、力をつけていけば、ロシアや中国のような扱いを受ける可能性は否定できない。その意味で、既存の「ペトロダラー戦略」に対抗するＢＲＩＣＳブリッジに参加するメリットは大きいと考えても不思議ではない。

米国側がどのような反応を見せるのかは、まだ不透明である。しかしながら、ロシアに対する制裁は米国にとって、逃れられないブーメラン、つまり米国のペトロダラー戦略に致命的な一撃を与える状況を招いてしまっている。これは結果的にドルシステムの崩壊へとつながりかねない。

ペトロダラー戦略の危機はすなわち、ドル暴落の危機に他ならないからだ。

それは2025年に米国が確実に見舞われるであろう米国史上最大のバブル崩壊である「グレート・フィナンシャル・クラッシュ（金融大暴落）」への、〝トリガー〟となる可能性が高いと、私はみている。

※1　デジタルトークン……ブロックチェーン技術を利用して発行される権利証のような、財産価値をいう

■石油輸出大国3国のBRICS加盟の行方

BRICS主要5ケ国（ブラジル、ロシア、インド、中国、南アフリカ）の経済圏が米国にもたらす最大の脅威は、世界の総人口の約40％を占めていることであろう。特に中国とインドの人口が大きく、両国だけで約35％に達しているほどだ。

そして前述のとおり、2024年1月1日、新たにエジプト、エチオピア、アラブ首長国連邦（UAE）、イランの4ケ国が、さらに2025年1月にはインドネシアがBRICSに加わった。このBRICSプラス10ケ国のGDPの合計は世界の約30％を占める。

中国が最大の経済規模を持ち、次いでインド、ブラジル、ロシア、南アフリカの順になる。

ＢＲＩＣＳ主要５ケ国は軍事力においても存在感を示している。特にロシアと中国は、世界の主要な軍事大国であり、大量の核兵器を保有する。さらにはインドも強力な軍事力を誇る。近年は、特に新興勢力としての発言権が高まり、国連やＧ20などの国際フォーラムにおいて重要な役割を果たしている。

ＢＲＩＣＳプラスの白眉は、加盟可能性の段階にあるサウジアラビアと、加盟済みのＵＡＥ、イランという、石油輸出大国の関係であろう。とりわけそれまでイランと犬猿の仲であったサウジアラビアの加盟が実現したならば、その意義は大きい。そしてその〝仲介役〟が中国であることは、米国には不気味に映るに違いない。

ＢＲＩＣＳブリッジによるデジタル通貨が流通し始めた場合、間違いなく起きるのは、貿易パターンの大きな変化だと言えよう。

ＢＲＩＣＳ諸国がこの新デジタル通貨を利用して取引を行うことで、米国との貿易が減少し、代わりにＢＲＩＣＳ圏内での経済活動が活発化するのは火を見るより明らかだからだ。

ＢＲＩＣＳ圏の経済的連携が強化されると投資家の信頼にも変化が及び、投資家がドル以外の通貨や資産に目を向ける可能性はおおいに高まるはずだ。

こうした変化は確実に、ＢＲＩＣＳ圏以外の国際金融市場の不安定化の要因となる。新たな通貨が流通することで、為替市場に動揺をもたらし、ドルの相対的な価値に影響を与えるであろう。

特に米国にとって痛手となるのは、国際的な投資家がＢＲＩＣＳデジタル通貨に流入する場合、ドル売りに〝直結〟することだ。ＢＲＩＣＳプラス諸国が経済的に連携を強化することで、米国の影響力が減少し、他国がこの新たなプラットフォームを利用して地政学的な戦略を展開することも考えられる。

これらの影響が複合的に作用することで、米国経済やドルの将来は大きな危機に直面するに違いない。

■ＢＲＩＣＳのデジタル通貨の流通開始と米国の運命

ここで改めてＢＲＩＣＳプラスがゴールドに裏付けされた（ゴールドと通貨バスケットの比率により価値が弾き出される）デジタル通貨を流通させた場合の、米国経済とドルの行方を占ってみる。

①ドルの信任の低下──→ゴールドの裏付けがある新通貨は、価値の安定性が期待されるため、ドルの信任が相対的に〝低下〟する。特に、米国のインフレや金融政策に不安を抱える投資家が、ＢＲＩＣＳデジタル通貨にシフトすることも考えられる。

②金融市場への影響──→ＢＲＩＣＳデジタル通貨が流通すると、為替市場の変動が増幅するリスクに晒される。特に世界の投資家がゴールドに裏付けられた通貨に魅力を感じ、ドル資産を売却する場合、ドルの価値が中長期的に大幅に下落するリスクが高まる。

③資源の戦略的再配分への影響──→ゴールドに裏付けされた通貨は、資源を基盤にした経済モデルを強調する可能性を備える。そのため、ゴールドやその他の貴金属の需要が高

まり、中長期的にそれらの価格の上昇を招くことになる。
④地政学的な力の変化──→BRICSの連携が強化されることで、米国の地政学的影響力が減少する恐れがある。他国がBRICSデジタル通貨を使用することで、米国に対抗する経済圏が形成される可能性が高まる。

このようにドルの基軸通貨として地位、支配力が今後、次第に大きく揺らぐことは確実であろう。

マーストリヒト条約発効（1993年11月）から10年以内に、新通貨としてユーロが誕生（2002年1月）した。同じような経緯を経て、早ければ2025年前半にも、BRICSプラスは衝撃的な「新デジタル通貨の流通開始」を宣言するかもしれない。

今まで言われてきた2国間の通貨決済では、その売買用途は2国間だけに制限されてきた。もし新デジタル通貨が正式な通貨として発行されれば、参加国、もしくはそれ以上の国々とのあらゆる商品の売買が可能になる。

大仰ではなく、これによって世界の貿易におけるドル取引が激減する可能性もあるのだ。

ところが、ＢＲＩＣＳブリッジ登場について、日本を含めて欧米寄りのメディアのトーンはのどかと言おうか、皆どこかさほど重要視していない気がしてならない。

その論拠として、ＢＲＩＣＳの雄である中国が自国通貨人民元の国際化を切望しており、国際銀行間決済システム（ＣＩＰＳ）を始動させたことを挙げている。これはロシア提唱のＢＲＩＣＳブリッジとバッティングするのではないか、彼らが一致団結していないのではないか、という憶測の根拠になっている。

だが、私はその受け止めはまったくの誤りであると指摘しておきたい。なぜなら、先に記したとおり、苦労してサウジアラビアとイランをＢＲＩＣＳに取り込もうとしているのは中国であるからだ。欧米メディアは中露の紐帯の強さをそこまで読み取れていないのかもしれない。

さらに言えば、中国側はＣＩＰＳとＢＲＩＣＳブリッジを連帯させて、ドル決済の弱体化を図ることを目論《もくろ》んでいるとも考えられよう。

そして米国がこのようなドルの揺らぎを加速させた背景には、シェールガス革命によって自国が世界最大の産油国に身を置いてしまったからではないかと、私は思うのである。

米国が続けてきた中東の安全を保護する軍事的、政治的なモチベーションが下がってしまっているのだ。

今、我々が注視すべきは、決済プラットフォーム「BRICSブリッジ」がいつ完成するのかではない。その最新テクノロジーに与《あずか》った新デジタル通貨がいつ流通を開始するかだ。その時は、すぐそこまで来ているのである。

第４章　トランプ大統領が進める新しいエネルギー経済政策

■すでに原子力エネルギーに関する大統領令を出していたトランプ

前著の刊行後の講演活動やXでの投稿において、ジョー・バイデン大統領の次の大統領に任命されるのは共和党ドナルド・トランプ前米国大統領であると講演会などで話してきたが、ここでは、その具体的な理由を説明したい。

それはトランプが第45代アメリカ合衆国大統領（在任：2017年1月20日～2021年1月20日）に在任していた時にすでに、2期目を続投する前提で提出した14の「大統領令」に基づいている。この大統領令（Executive Order）とは、米国大統領が、米軍や米国連邦政府である国内政府機関や職員に対して発出する行政命令である。

これは米国議会の承認を得ることなく、大統領が独断で行使できる〝権限〟であり命令を意味する。

トランプ政権が任期満了まで残すところ約1週間となったのは2021年1月12日のことであった。その日、トランプ大統領は宇宙の探査5および国家防衛のために、極小原子炉など小型モジュール炉（SMR：Small Modular Reactor）[※1]技術のさらなる利用促進を目指した大統領令を発令した（「原子力産業新聞」２０２１年1月14日付）。

この大統領令のうちエネルギー政策に関連するものは、「石油と天然ガスの生産と消費の促進に関する大統領令（Executive Order on Promoting the Responsible Development of America's Gaseous Fuels）」である。自国の石油と天然ガスの生産を促進し、エネルギーの独立性を確保するというものだ。

しかしながら、米国が国家としての将来に関わる重要な国家安全保障に関する戦略、宇宙・軍事戦略、エネルギー戦略を遂行するため、次世代のゲーム・チェンジャーと位置付けられるのは原子力エネルギーに他ならない。

そして、その中核とされるのが「小型モジュール炉の推進に関する大統領令（Executive Order on Promoting Small Modular Reactors for National Defense and Space Exploration）」によるＳＭＲ小型モジュール炉エネルギー政策となる。

ここで問題視されたのは、民主党ジョー・バイデン政権下で推進されてきたグリーンエネルギー政策であった。

脱炭素政策として掲げられた太陽光発電や風力発電は天候や時間帯に依存するため、電力供給の安定性が危ぶまれていた。エネルギーの供給が断続的になり、米国政府が目指す完全なエネルギー自給自足には心許《こころもと》ないという事実が明白となったからである。付け加えると、EV（電気自動車）普及政策に関しては、インフラ整備に大規模な投資が必要であること、さらにランニングコストが高額という際立った弱点を抱えていた。コスト高ゆえに、特に小規模企業や地方自治体にとり、グリーンエネルギー導入は極めて難しいものとなっていた。

※1　SMR技術……小型モジュール型原子炉に関する技術。SMRはSmall Modular Reactorの頭文字をとって略した通称。小型で運搬がしやすく、多目的な利用が見込まれるため、注目されている。

■最重要課題となる膨大なチップを動かすための電力調達

ここまで読まれた方は、米国のエネルギー政策が想像以上に〝脆弱〟であると思われたのではないか。

その一方、米国のエネルギー需要は大幅な増加傾向にあり、民主党バイデン政権でのグリーンエネルギー導入政策では、需要に対して十分な供給を確保することが非常に困難となっていた。

さらに、国際的なエネルギー安全保障や経済成長、環境保護などを掲げるＩＥＡ（International Energy Agency：国際エネルギー機関）は、２０２４年から２年後の２０２６年のエネルギー関連予測を記した「Electricity 2024」において、データセンター、ＡＩ（Artificial Intelligence：人工知能）、暗号通貨による電力消費は、２０２６年までに〝倍増〟する可能性があるとの予測も明らかにしている。

とりわけ、今後ますます重要となってくるデータセンターは、多くの地域で電力需要増加のメインとなっている。

２０２２年に世界全体で推定４６０テラワット時（ＴＷｈ）を消費したデータセンターの総電力消費量は、２０２６年には最大１０００テラワット時（ＴＷｈ）以上に達する可能性があるとされる。データセンターの需要だけで、日本全体の総電力消費量にほぼ匹敵するほどの莫大なものだ。

中でも特にＡＩ分野における電力消費量の急増は極めて大きなものになることが確実視

されている（IEA：International Energy Agency：国際エネルギー機関）。

そんな中、OpenAI（昨今の生成AIブームの火付け役とも言える「ChatGPT〈チャットGPT〉」を提供している組織）のCEOであるサム・アルトマンによる発言が俄然《がぜん》注目を浴びた。場所は2024年1月に行われたダボス会議（世界経済フォーラム〈WEF〉の年次総会）であった。

「There's no way to get there without a breakthrough.（今後のAIの進化にはエネルギー面でのブレイクスルーが欠かせない）」

これは2023年5月にマイクロソフトが世界で初めて、2028年から〝核融合電力〟を購入する契約を米ヘリオン・エナジーと結んだことを念頭に置いた発言と見て取れるからであった。

ちなみにOpenAIが提供する対話型AIのChatGPTは、米誌の記事を引用すると、1日あたりおよそ2億件のプロンプト（指示）に対応するため、50万キロワット時（kWh）超の電力量を消費している模様だ（「ニューヨーカー」2024年3月9日号）。同記事によれば、米国の平均的な家庭の電力消費量は1日あたり約29kWh。つまり、ChatGPTは、平均的な米国家庭1万7000世帯以上の電力を消費していることになるのだ。日本国内においても、データセンターにおけるＡＩ分野の電力消費は２０２７年には現在（２０２４年末時点）の１・５倍になるとIDC Japan（米国のＩＴ専門調査会社であるグローバル企業の日本法人）は弾き出している。

現在、ＡＩの活用や進化には大量の[※2]ＧＰＵもしくは専用のＡＩチップの調達が競争力の面で重要とされる。そのため大手[※3]クラウドベンダーやデータセンター事業者は独自の[※4]ＡＩチップの開発や米ビッグ・テック企業Ｍ７（マグニフィセント７）のＮＶＩＤＩＡからの調達を積極的に行っている（マグニフィセント７については第５章で詳述する）。

しかしながら、十分なチップが供給されるようになると、次の段階においては、その膨大なチップを動かすための大量の〝電力の調達〟こそが最重要になってくる（ITmedia NEWS、２０２４年１月30日）。

今後、莫大な消費量となる電力量を確保するため、この原子力エネルギーに関して米国の投資家たちはどのように関与しているのだろうか。

まず、マイクロソフト創業者であるビル・ゲイツは、原子力技術の発展に強い関心を持ち、２００６年に原子力技術企業TerraPower（テラパワー）を創設した。

同社は次世代の原子炉技術を開発しており、特に注目されているのがナトリウム冷却型高速炉（Natrium Reactor）である。TerraPower のナトリウム炉は、SMR技術の一環として、従来の原子炉よりも安全性、効率性、持続可能性を高めることを目指している。

著名投資家のウォーレン・バフェットも積極的に関与しているようだ。自身が率いる投資会社バークシャー・ハサウェイが所有する電力供給会社 PacifiCorp を通して、前出の TerraPower のナトリウムSMR技術を活用した次世代のクリーンエネルギー・プロジェクトに参加している。

※2 GPU……Graphics Processing Unit：画像処理装置
※3 クラウドベンダー……インターネットを通して顧客にITリソースやサービスを提供する企業をいう
※4 AIチップ……人工知能（AI）チップとは機械学習やデータ分析などのAIタスクを処理するために特別に設計して作られたコンピューター・マイクロチップ

■次世代の目玉となる小型モジュール原子炉の導入

米国は国家として重要な国家安全保障に関する戦略、宇宙・軍事戦略、エネルギー戦略を次世代へ滞りなく移行するため、原子力エネルギーの推進に大きく舵《かじ》を切った。

その証左が、２０２２年８月16日に原子力発電を支援する法案ＩＲＡ（Inflation Reduction Act：インフレ抑制法）が成立したことだ。この法案では、CO_2の削減を目的としたエネルギー政策を推進するもので、太陽光や風力のみならず、原子力発電の推進も含まれていた。さらに２０２３年12月には「ＣＯＰ28（国連気候変動枠組み条約締約国会議）」で原子力発電量について従来の3倍に増やすことを22ケ国が合意した。

このＩＲＡとは、新規の原子力発電を含むすべての温室効果ガス排出ゼロの発電の展開を支援するために、クリーン電力生産税額控除（Clean Electricity Production tax credit）（ＩＲＣセクション45Ｙ）[※5]およびクリーン電力投資税額控除（Clean Electricity Investment tax credit）（ＩＲＣセクション48Ｅ）を制定したものである（日本原子力産業協会「米国の国内原子力強化に向けた取組について」2024年6月11日)。

要は、米国政府としては原子力エネルギー推進に参入する者には、減税をはじめ、あらゆる支援を惜しまないと表明したのだ。

そして、原子力発電を3倍にするという目標は、エネルギー転換を加速させ、化石燃料への依存を減らすための戦略として設定された。これにより、2050年までにカーボンニュートラルを達成するための道筋が明確になることにもなる。

そしてこの事業に米国エネルギー省(DOE)は2024年6月、第三世代炉プラス(軽水炉型)の小型モジュール炉(SMR)の初期導入を支援するため、最大9億ドル(約1350億円)の資金を提供する意向通知(NOI)を発表している(電気事業連合会「[米国]DOE、軽水炉型SMR導入加速に向けて最大9億ドルの資金提供を発表」2024年7月5日)。

同年6月、米上院は先進原子力の導入を促進する法案も可決した。

原子力の導入促進には、超党派の〝支持〟があった。法案は上院で賛成88、反対2で可決された。先進原子炉技術の認可を申請する企業に対し規制上のコストを減らすほか、次世代原子炉の導入に成功した場合にさらなる特典を設け、資金的支援を行うことも決まった。

さらに、一部の地域で原子力施設の認可手続きを迅速化することになった。これにはマイクロソフト創業者のビル・ゲイツが出資するTerra Powerなどが恩恵を受ける可能性がある（ロイター、２０２４年６月19日）。

このように米国議会がＳＭＲに関する技術を推進させる法案を可決したことは、近年のエネルギー政策において注目すべき動きであると、私は強調したい。ＳＭＲは従来の大型原子炉に比べ多くの利点があるため、次世代のクリーンエネルギー源として期待されているからでもある。

なぜ原子炉を小型化しなければならないのか？　かねてより原子力エネルギーを取り扱うにはべらぼうな土地、建屋が必要な上に、相応なリスクを取らなければならなかった。それらのデメリットを解決できるのがＳＭＲなのだ。

①安全面→１基がトラックほど小型であり、大型原子炉に比べて低出力なので、事故時に

安全性が確保されやすい。安全系設備がシンプルゆえに故障、人為的ミスが削減される。

②工場生産面→モジュール製造のため、建設地での組み立てが基本。それによる品質維持、工期短縮、建設コスト削減。

③操業面→さまざまな立地、環境に応じて操業が可能という柔軟性を備えている。

米国エネルギー省の先進的原子炉実証プログラム（ARDP）からも、原子力実証およびリスク低減プロジェクトに多額の資金を提供している。受賞企業（Awardees）には、第四世代原子炉ベンダーで開発者のTerraPower、X-エナジー（X-energy）、ケイロス・パワー（Kairos Power）、ウェスチングハウス（Westinghouse Electric Company）、BWXテクノロジーズ（BWX Technologies）、サザン（Southern Company）などが含まれる。

さらに付け加えると米国国防総省（DOD）も、防衛施設で将来使用するためのプロトタイプのマイクロ原子炉（第四世代）を開発するために、プロジェクト・ペレ（Project Pele）に資金を提供している。

米国輸出入銀行（ＥＸＩＭ）と米国国務省（ＤＯＳ）も、ＳＭＲの展開を支援し、米国の輸出業者が世界のＳＭＲ市場で競争するための一連の金融ツールである「ＥＸＩＭ ＳＭＲ資金調達ツールキット（EXIM SMR Financing Toolkit）」を発表した（前出「米国の国内原子力強化に向けた取組について」）。

※５　ＩＲＣ……Internal Revenue Code（内国歳入法）
関税を除くすべての連邦税を規定する法律で、さまざまな税控除もＩＲＣの各条項（セクション）で規定される

■自明の理だったトランプの大統領への返り咲き

ここで最も重要なのは、トランプ大統領が、まだ第45代大統領であった当時から、原子力エネルギーの利用促進に極めて強い関心を示していたことである。

彼の政策は「原子力２・０」とも呼ばれるであろう新たな原子力技術の導入やイノベーションを推進するものだ。これはＳＭＲや高温ガス炉など最新の原子力技術の導入を支持

し、より安全で効率的な原子力発電の実現を目指す。

さらにトランプは、原子力産業の規制を緩和し、技術革新を促進することにより、原子力エネルギーの商業化や利用拡大を図る姿勢を示している。

加えて、最重要課題となる米国の国家エネルギー戦略について、エネルギーの独立性を高めるためにも、原子力を含む幅広いエネルギー戦略の一環として、原子力エネルギーの重要性を強調している。

そして、原子力産業の規制側にある次期NCR（国家原子力委員会）リーダーの選出についても、トランプは最大の関心を払っていた。そのため原子力エネルギーの推進を重要視する新リーダーを任命する可能性は非常に高い。

原子力エネルギーは、米国の国家安全保障にとり最重要課題であるため、国家として原子力発電をより推進するお膳立てができ上がっているのだ。

米国が国家として次に進むべく政策はすでに始動しており、トランプが前任期の大統領のときに打ち出した「原子力2・0政策」は、そのブレイクスルーを強力にサポートしている。これらの経緯からも、トランプは共和党の代表者として、なるべくして大統領になったと言えよう。

第5章

グレートリセット後の米国経済を支える、新たなメガ・トレンドを牽引する企業とは？

■グレートリセット後に台頭する新たな「マグニフィセント7」

前著を読んでいただいたか、あるいは私のXに目を通された方は、世界経済についての私の大局観を理解されていると思っている。

先ほどの章と重複するようだが、グレートリセット前の投資資金は、皆様には以下のように分散投資していただきたいと心から願っている。

ご自身のアセット・アロケーションを、まずは現金に40〜50%、次にゴールドまたはゴールドETFに20%、短期米国債または米国債ETFに10%、電力・石油・資源エネルギー、世界公益株または世界公益株ETFに10%、一部・暗号資産などにシフトしていただきたい。そのうえで、残る10〜20%程度をどうするかを考えるために、将来的な成長が見込まれる投資先の方向性を考察してみよう。

2025年から少なくとも2年ないし3年は継続されることになるのが、グレートリセットによる金融暴落から米国株式市場崩壊、そして金融恐慌のタームである、と私は信じている。そして金融恐慌はグローバルベースで同時多発的に波及する恐慌へと発展していく可能性もあるだろう。そんな中にあっても転んでもただでは起きず、計り知れないマグマのような底力を持つのが、米国経済と米国企業だと私は捉えている。

２０２８年から２０３３年あたりまでには、私は米国経済は「蘇る金狼《きんろう》」のごとく息を吹き返し、米国でしか見られない独特な力強さがおおいに発揮されるだろう。ただし、NYダウやS&P５００のV字回復は見込めない。

しかしながら５年から８年先、金融恐慌・世界恐慌が落ち着いた頃には、新たに多種多様な業種・産業・市場において、世界最先端の技術力を持つ企業がパーシャルな市場を爆発的に席捲《せっけん》する時代になっていると、私は考えている。現在のマグニフィセント７ではなく、次世代のマグニフィセント７が、確実にかつ驚異的に台頭してくるのだ。

言うまでもなく現在のマグニフィセント７とは、アルファベット（グーグル）、アマゾン、アップル、マイクロソフト、メタ（旧フェイスブック）を総称したGAFAMにNVIDIAとテスラを加えた米国を代表する時価総額で世界のトップテンに入るビッグ・テック企業のことである。

世界中の誰もがまだマグニフィセント７という言葉すら知らなかった時に、それらの企業がそうであったように、次世代のマグニフィセント７として期待できる新たな企業群

図20　マグニフィセント7のパフォーマンス比較

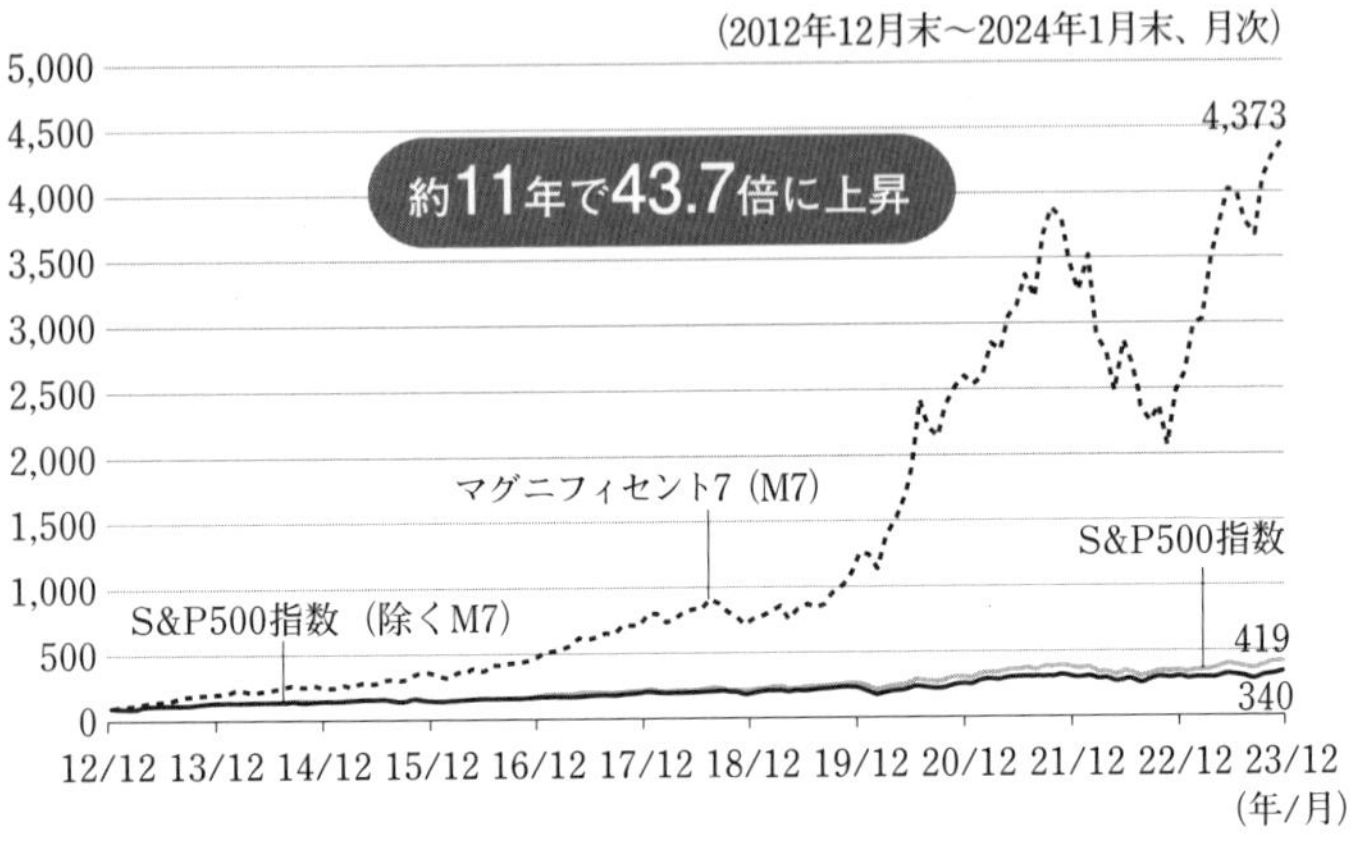

出所：三井住友トラスト・アセットマネジメントの資料をもとに筆者作成

が、今はひそかに莫大なエネルギーを〝蓄積〟している段階にあるのだろう。

上の図20は、2012年を100とした過去11年間のマグニフィセント7のパフォーマンスとS&P500を比較したチャートだ。点線は、マグニフィセント7の驚異的なパフォーマンスを示している。次に灰色で示された線は、S&P500のパフォーマンスを示している。

このグラフが物語っているのは、仮にマグニフィセント7に属するビッグ・テック企業の7社にだけ投資していれば、11年間で4373%、すなわち43・73倍もの投資収益が得られたことに他ならないということだ。単純に10万円を投資していれば437万円になったということである。

マグニフィセント7を含めたS&P500社グロスでのパフォーマンスは、4・19倍の上昇にとどまっており、要するにマグニフィセント7の7社を除いた493社は、ほとんど横ばいか、ややもすると米国の経済成長の足枷《あしかせ》となっていたことに気づかされる。

■NVIDIA株の暴落から読み取れること

2024年9月3日。

この日米株式市場で半導体大手NVIDIA（エヌビディア）の株価が9・5%も下落し、時価総額は2789億ドル（約42兆円規模）減と、米企業の一日の減少幅として過去最大を記録した。低調な経済指標を受けて市場が全面安となる中、AIに対する過度な期待の後退が売りに拍車をかけた。

これまでの時価総額の最大消失額はメタが2022年2月3日に記録した2300億ドル（当時の1ドル＝115円換算で約27兆円規模）だった。

そして世界的にも時価総額が上位10社に入る米ビッグ・テック企業のマイクロソフトや

アルファベットも7月の決算発表以降、株価は下落傾向を辿った。

2024年秋の米国株の停滞期に出されたこのニュースからは、何が読み取れるのであろうか。AIブーム、AIバブルにより投機的に膨らんだ資金が、投資家たちの期待と大きく乖離《かいり》し始めたこと。同時に、米ビッグ・テック企業のAIを巡っての〝懸念〟が強まってきたことにより、これらが熱狂的資産から〝リスク資産〟へと、その評価が大きく変化したことによるものであった。

だが、トランプ大統領の当選によって、就任前にもかかわらず、これらのハイテクノロジー企業の株式は再び暴騰し、最高値を更新した。これは、内包している大きなリスクを無視して投機的に買い上げられたことに他ならない。

なぜなら半導体メーカーの将来的な収益は、世界的に過剰供給されることによって大きく落ち込むことや、新たな最先端の技術を開発するために莫大なコストがかかってしまうことなどから、収益圧迫の脅威があるにもかかわらず、それらを株価が折り込んでいないからである。

そして世間で大きく騒がれ、大手メディアがこぞって飛びつくようなニュース材料を提供してきた企業、NVIDIAの株価が株式市場を左右する異常な事態になっている。こうした現象は、２０００年のＩＴ・ドットコムバブルがそうであったように、バブル相場の頂点近くになるとたびたび起こる現象とも言える。

では、このような半導体開発企業からは、次世代マグニフィセント７となるような企業はもう出現しないのだろうか？　私はそうでもないと感じている一人だ。早晩人気が出て、株価が高騰していくような企業ではないが、この５年から８年先を見通すと、米国には有望な企業群がすでに控えている。それもかなりの数が……。私は、そう捉えている。

それには当然ながら、いくつかの条件がある。

一つには、巨額資金を手に入れた半導体やＡＩの将来性に先見の明があったマグニフィセント７企業が、次の戦略として巨額資金を投資し始めている企業群であることだ。

二つには、世界的に群を抜き他を寄せ付けない最先端の技術を備えていること。

三つには、マグニフィセント７が受け持つセクターのみならず、他のさまざまな分野の産業にも派生していくような社会全体に必要不可欠な企業であること。

四つには、世界の機関投資家、例えばゴールドマン・サックス、ブラックロック、ＪＰモルガン・チェースなどが注目していること、などである。

さらに極めつけは、米国政府が半導体企業の発展に国家の威信をかけ、莫大な資金を投入する決定を下すことが挙げられよう。

米国政府は、半導体産業への投資に対して、極めて積極的である。

2022年に成立した「CHIPS法（CHIPS Act for America of 2022）」は、その代表的なものだ。この法律は、米国内での半導体製造の振興を目的とし、約520億ドル（約8兆円弱）の資金を提供するとした。この資金は、新たな製造施設の建設や既存の施設のアップグレード、また研究開発の支援に使われる予定となっている。

さらに、米国政府は半導体産業に対する投資を引き続き増加させる意思も示している。例えば、2024年度の予算案では、半導体産業への追加的な支援を含む予算が提案された。これには、半導体の研究・開発のための資金や、国内製造拠点の強化を目指すプロジェクトが含まれている。

つまり、米国政府は半導体産業の競争力を高めるため、今後も果敢な投資を続けることが見て取れるのである。

■イノベーションの鍵はAIとのコラボと融合

グレートリセットの後に来る２０２８年から２０３３年の米国産業、米国経済を支え、なおかつマグニフィセント７の投資収益を凌駕する次なるマグニフィセント７候補の顔ぶれはどのようなものなのか？

我々は現状から見極めていく必要がある。大摑みに言えば、医療、金融、エネルギー、ＡＩ、半導体、自動運転、ＥＶ車を除く一部米国自動車、防衛産業、ヘルスケア、メタバース、クラウド、暗号資産、ロボットなどのセクターにおけるゲーム・チェンジャーであろう。

メガ・トレンドによって、全世界の人口の3分の1程度に及ぶ20億人から30億人に普及させていく身近なもの、必要不可欠なものをつくるイノベーション企業に的を絞っていく。過去にそれらの条件を満たしてきた企業、そして将来的に満たしていく企業とは、どんな企業だろうか？　例えば、１９９０年代のパーソナル・コンピューターのブームはマイクロソフトから始まった。続く２０００年代にはＩＴインターネット・テクノロジーが発展し、新たな消費スタイルをアマゾンがつくった。そして2020年代にスマートなデザインのパソコンで爆発的人気を博し、一気に大衆化させたのがアップルで、スマートフォンは現代人の生活に欠かせないものとなった。

ここで重要なのは、現在このビッグ・ウェイブの初期の段階に位置している技術革命イノベーションこそAI（人工知能）であるということだ。肝に銘じておきたいのは、そのAIとの〝コラボ〟、AIとの〝融合〟から発展し昇華していくものこそが今後のビッグ・ビジネスにつながるであろう。

例えば、ChatGPT に関して言えば、たった数ケ月で1億人がインストールしたが、これは我々が過去に経験したことがないほどの驚異的スピードであった。そして、これはまだ始まりにすぎず、今後さまざまな分野のビジネスチャンスへと裾野が広がっていく光景を目の当たりにすることだろう。

ここで考慮すべきことは、今後のAIとのコラボ、AIとの融合で発展していくことになるビジネスとしての〝規模〟である。

今後5～8年で、金額にしてグローバルベースで20兆～30兆ドル規模（約3000兆～

5000兆円）。このレベルに波及していく新しいビジネス、新産業、新技術が揃った市場が膨れ上がる時、今のマグニフィセント7などが足元にも及ばないクラスの企業が出現するのである。

そして、これらの企業群への個人ベースの投資金額については、ごく少額でもよいのだ。日本人の多くが年末に期待を込めて購入する〝宝くじ〟並みの予算で十分に買える株式もかなりあるはずだ。

なぜならアマゾン株もアップル株もスタート地点では、1株＝1ドル以下にすぎなかったのだから。そして米国株は1株からでも購入できるという利点があるのだ。「あの時1株でも買って持っていれば……」というセリフ、すなわち株価が爆発的に高騰した後に誰もが言うセリフを言わないためにも、今からこれらの新興の企業に注目しておくのも良いだろう。

■ＡＩによる電力の驚異的需要の到来に沸くエネルギー市場

まずは、エネルギー部門の石油市場に目を凝らしてみよう。

今、米国の投資家たちが熱い視線を送っているのはエネルギー部門で、石油業界の巨大な再編と変革のサイクルが始まろうとしている。

バークシャー・ハサウェイを率いるウォーレン・バフェットを筆頭に、著名投資家たちが石油関連企業に投資を始めているのはメディアでもよく知られている。同業界内の動きは風雲急を告げるがごとく、めまぐるしい。シェブロンはヘスを買収し、エクソン・モービル（Exxon Mobil Corporation）はパイオニア・ナチュラル・リソーシズを買収し、コノコフィリップスはマラソン・オイルを買収した。

なぜ今、この分野に投資熱が沸いてきているのか？　答えは、〝電力の驚異的需要〟の到来に他ならない。

前回のビッグ・サイクルは、２０００年代前半だった。中国経済の急発展によって、稀に見る年間10～20％増とも言われた石油需要の爆発が起こった。

そして、今回は拡大するＡＩ市場のブームだ。わずか数ケ月でユーザー数が1億人を突破するほど、熱を帯びてきた ChatGPT が消費する一日あたりの電力量は、米国の一般世帯の一日の電力消費の1万７０００倍とも言われている。そのため、このＡＩの急成長において欠かせないのが、莫大な電力エネルギーの調達である。

２０２４年９月、米国カーボンフリー発電企業の Constellation Energy（コンステレーション・エナジー）は、２０１９年に稼働停止していたペンシルバニア州のスリーマイル島原子力発電所1号機を再稼働させた。そしてその全発電量（８３５メガワット）を20年間にわたりマイクロソフトに供給するという前例がない規模の契約を締結したと発表した。

上記の再稼働と電力供給は２０２８年からスタートする見込みとなっている。なお、１９７９年に原発事故（メルトダウン）を起こした2号機は再稼働の対象とはなっていない（ジェトロ、２０２４年９月24日）。

こうした展開を導くのは、ＡＩが消費する電力量があまりにも莫大であるために、エネルギー需要が急速に高まってきたからである。そして、このスリーマイル島原子力発電所を保有する Constellation Energy の株価は高騰している。

停止していた原子力発電所を再稼働させてまで Constellation Energy がマイクロソフトに電力を供給する理由は、ＡＩの電力需要に応えるために他ならない。ＡＩには膨大な計算量が必要であり、それが莫大な電力の消費を発生させるからである。

マグニフィセント7の一角であるテスラCEOのイーロン・マスクは、AIについては半導体開発が鍵であるが、これからのボトル・ネックは電力エネルギーである、と認めている。そしてこのエネルギーの爆発的需要拡大は、さらにEV化を進めている自動車業界、航空業界で増大し、さらに第二の中国需要に匹敵するインド経済からの需要も旺盛となってくる。

だからこそバフェットはP&G、ジョンソン&ジョンソン、アップルや、ハイテク企業株を巨額で売却し、石油業界（銘柄：オキシデンタル・ペトロリアム）に乗り換えて投資をしているのだ。

EIA（米国エネルギー情報局）は2025年に米国のエネルギー消費は、史上最高に達すると発表しており、このような流れがメガ・トレンドを形成していくのは明白である。一方、OPEC（石油輸出機構）は、2025年末まで原油の減産を発表しており、IEAは2025年のグローバルベースの石油市場は2024年末には供給過剰を予測しているが、これはAIブームによる爆発的な電力需要がいまだ反映されていないからであろう。

■グレート・クラッシュ後の勃興期に台頭する産業とは？

ここでは2028年から2033年の米国市場において多種多様な産業・企業が爆発的に発展・復活する状況を想定しているが、それでも株式市場全体がV字回復するわけではないのだ。これからの時代はパーシャルに、かつ驚異的な力強さでもって選ばれた企業群によって株式市場と米国経済が底上げされていくことになる。

世界の政治・経済・軍事・金融の頂点を再びアメリカが取り戻す時、まさに「アメリカ・アズ・ナンバーワン」を担う今後注目すべき米国企業のセクターと銘柄について考察したい。

ただし、これらはすべて私個人の見解で、将来伸びていく産業の方向性を示したものであり、個別に投資を指南したり促したりする目的のものではない。個々人の十分な調査や勉強の上で、あくまでも投資は自己責任で行うことをお願いしたい。

●石油・エネルギー資源セクター

前回の2000年から2010年のサイクルでは、石油関連・エネルギー関連企業の銘柄群は、500%、1000%（5倍から10倍）の株価上昇を見せた。

そしてこの巨大サイクルがこの先5年から8年先で再び最大規模の上昇となると、私はみている。なぜなら、今後のデータセンター急増に伴う電力供給の鍵となるのが同セクターであるからだ。

米国の石油大手（エネルギー企業）による買収・合併が進んでいる背景には、世界的なエネルギー需要の増加と安定供給の確保に対応するために、石油メジャーは生産能力を強化する必要がある。同業の買収・合併は既存の資産を効率的に活用できる手段であり、新規開発よりリスクが少なく、迅速に生産を上げられるからである。

米国ではシェール革命によって、2006年以降、莫大な埋蔵量のシェールオイルやシェールガスが採掘可能になった。この資源を持つ中小企業を買収することが大手企業にとって戦略的に重要となっている。近年の例として、前述のように米石油大手のエクソン・モービルは、２０２３年10月に独立系石油・天然ガス会社であるパイオニア・ナチュラル・リソーシズを買収することで合意した。買収額は約６００億ドル（約９兆円）で、エクソン・モービルにとって、エクソンとモービルとの合併以降で最大規模の買収となった。

石油メジャーのシェブロンは、シェールオイルや海底油田の開発を手掛けるヘスを５３０億ドル（約８兆円）で買収すると発表している。

同じく米石油大手オキシデンタル・ペトロリアムは、シェール開発の中堅企業であるクラウンロックを約１２０億ドル（約１兆８０００億円）で買収すると発表している。

これらの動きは、今後も世界のエネルギー地図を変える可能性があると言える。

ここでは現在、経済やエネルギー政策において重要な役割を果たしている同セクター企業を取り上げたい。その代表は以下の３社。

(1) オキシデンタル・ペトロリウム（Occidental Petroleum）

同社は、米国の石油・ガス業界の大手企業の一つであり、エネルギー市場において重要な位置を占めている。２０１９年、シェブロンを抑えて、同業アナダルコ・ペトロリアムを傘下に収めたことでも知られる。

その事業内容、成長戦略、再生可能エネルギー、財務健全性、買収戦略の観点から見た評価は高く、投資家からの信頼度も人気度も高い。特に〝シェールオイル市場〟での存在感が際立つ。ウォーレン・バフェット率いるバークシャー・ハサウェイが、多額の投資を行っている一社として注目に値する。

(2) トルマリン・オイル・コーポレーション(Tourmaline Oil Corporation:カナダ)

カナダを拠点とする大手天然ガス生産企業の一つであり、天然ガス生産のリーダーとしての地位を確立している。

カナダ・アルバータ州深層盆地にある16の天然ガスプラントを保有する。

その事業内容、多様な資産ポートフォリオ、市場での位置付け、競争力のあるコスト構造、成長戦略・拡大戦略、環境配慮、経済的影響、雇用創出の面からの評価も高い。加えて効率的な運営と技術革新により、競争力ある生産コストを実現し、エネルギー市場において重要な役割を果たしている企業として注目に値する。

(3) コノコフィリップス (Conoco Phillips)

米国に本拠を置くエネルギー大手コノコフィリップスは２０２４年５月にマラソン・オイルを株式交換方式で買収することで同社と合意した。買収総額は債務を含めて２２５億ドル（約３兆５０００億円）。買収は同年11月に完了し、マラソン・オイル取得によってコノコフィリップスはテキサス州からノースダコタ州まで国内に幅広くシェール油田の拠点を拡大できるほか、赤道ギニアなど国外での採掘権も手にした。

特に、コノコフィリップスは株主還元の観点から、買収・合併を積極的に行っており、ＲＯＥ（自己資本利益率）に関しては、同業他社であるエクソン・モービルやシェブロンをはるかに上回っており、株価の上昇にもメリットがある。

その強固な基盤に加え、キャッシュフローと株主還元策、戦略的な資産ポートフォリオ、エネルギー転換への取り組み、市場の需要回復と価格上昇の推移の面でも評価は高く、注目に値する。

●半導体セクター

半導体セクターは世界の著名な機関投資家あるいは投資銀行であるゴールドマン・サックス、ブラックロックなどが巨額な資金を投資するハイテクノロジーに他ならない。特にＡＲＭ（英国の半導体企業）に関しては、アップルが２０２４年９月にＡＲＭの技術を利用した新型 iPhone 向け半導体「Ａ18チップ」を新製品発表イベントで披露した。これはソフトバンクグループ傘下の英半導体設計会社ＡＲＭの最新アーキテクチャ「Ｖ９チップデザイン」を利用して開発されたもの。

アップルはＡＲＭとの技術提携期間を２０４０年以降までに延長する新たな契約を締結。iPhone や iPad、パソコンのＭａｃシリーズなどに搭載する独自の半導体設計でＡＲＭの技術を利用している。ＡＲＭはＶ９で得られる収入はスマートフォン向け売上高の50％を占めると明らかにしている（「フィナンシャル・タイムズ」２０２４年９月７日）。

他方、ＮＶＩＤＩＡは２０２４年９月14日にＳＥＣ（米証券取引委員会）に提出した株式保有報告書「フォーム13Ｆ」に、ＮＶＩＤＩＡの保有銘柄の中でＡＲＭ株の持ち分はドルベースで最大1億4730万ドル（約260億円）に上ると記載した（ブルームバーグ、2024年2月15日）。

さらにNVIDIAは、スーパーコンピューターのための超高性能半導体「Grace Hopper」にARMの半導体技術の採用を発表した（「NVIDIA Grace Hopper 200 Grace Hopper Superchip」NVIDIAホームページより）。

ARMの技術は、マイクロソフトが新商品として発表したAIパソコン「Copilot+PC」、サムスンが開発するスマホ「ギャラクシー」、さらに、アマゾンやメタ、グーグルなど、およそテクノロジー企業として有名な他のマグニフィセント7企業も使っている。

米アルファベット傘下のグーグルは2024年4月、ARMの技術を採用した独自の新CPU（中央演算処理装置）「Axion（アクシオン）」を発表している（ロイター、2024年10月）。

そして注目すべきは、携帯電話やスマートフォン向けのCPUコアでは、低消費電力を誇るARMの世界シェアが9割超と圧倒的であるという事実であろう。

ARMはCPUコアの設計データを携帯電話やスマホメーカーに売るのではなく、半導体メーカーに販売することからも、2028年から2033年の次のメガ・トレンドとしておおいに期待できる。

ここでは本書でも詳しく記してきた、米国が国家事業として発展させていく半導体分野において、グローバルベースで影響力を持つ代表的企業を改めて四つ挙げておきたい。

(1) ARMホールディングス(ARM Holdings)

ARMは自社で半導体チップを製造するわけではないが、そのビジネスモデルと技術の重要性から、半導体業界における極めて重要なプレーヤーと見なされる。
ARMが著名な投資家から注目される理由は、その独自のCPU技術が最新テクノロジーの進化において重要な役割を果たしているためである。そのエネルギー効率と性能からARMのCPUアーキテクチャは、低消費電力で高性能であること、AI市場への対応力から、ARMはAIプロセッサ市場においても強力な競争力を持っており、多くの企業がその技術をライセンス使用していることが挙げられる。そして多様な市場への広がりから、スマートフォンばかりでなく、自動車、インフラ、クラウド市場にも進出している
ARMのエコシステムには、約1500社が参加するなど大規模化しており、これが継続的なライセンス収益とロイヤルティ収入の基盤となっている。これらの理由から、ARM

は長期的な成長ポテンシャルが高い企業として、世界の投資家からの強い関心を集めており、注目に値する。

同社は2020年にNVIDIAにより買収計画が発表されたが、規制当局による承認が難航しているようだ。もし将来的にNVIDIAがARMを取得するならば、AIとデータセンター市場における競争力が高まると期待されている。

なぜNVIDIAはARM買収に固執しているのか？　至ってシンプルな理由がある。ARMの技術がNVIDIAのGPUのベースになっているので、それを使わないとNVIDIAとしてはGPUをつくれないからだ。

(2) クアルコム (Qualcomm)

同社は、5G技術の開発と標準化においてリーダー的な役割を果たしてきた。5Gチップセットやモデムの提供を通じて、スマートフォンやその他のデバイスにおける5G接続を先導してきた。その5G技術のリーダーシップ、Snapdragon（スナップドラゴン）プロセッサ、通信技術のイノベーション、特許とライセンス収入、自動運転技術、新興市場への進出、企業戦略とパートナーシップのいずれも投資家からの評価は高い。加えて近い将来に大きなトレンドとなる自動運転技術にも注力しており、車両向けの高性能プロセッサや通信モジュールを開発している。これによって、自動運転システムや車両間通信（V2X）技術の発展に寄与していることからも注目に値する。

（3）マーベル・テクノロジー（Marvell Technology）

同社は半導体の設計に特化している企業として知られる。特に自動運転、高速ネットワーク技術、AI、5G、クラウド、データセンター向けの半導体を設計しており、世界45社の自動車メーカーと提携している。その自動運転技術、省電力・高性能CPU設計技術は、投資家からの評価も高い。また、ARMと提携してCPUも開発している。そして著名な投資家たちや世界有数の機関投資家であるJPモルガンやゴールドマン・サックスなどがこの企業に数千億円規模の投資をしていることからも、業界内での評価が高いことが窺《うかが》える。同社は業界内での重要なプレーヤーとして、さまざまな最先端技術の発展に寄与しており、今後、世界がより自動運転関連企業に投資を集中させていくことからも注目したい。

（4）インテル（Intel）

お馴染みの世界最大規模の半導体メーカーで、コンピューターやデバイス用のプロセッサ、チップセット、メモリ、ストレージなどを設計・製造し、特にエッジＡＩはリアルタイムのデータ処理を可能としている。

量子コンピューターの開発にも取り組んでおり、新たな計算の可能性を模索している。半導体業界におけるリーダーシップを持ち、ＬＰＵ（Language Processing Unit：言語処理ユニット）の開発にあたっては機械学習チップのグロック（Groq）社と提携済みである。

インテルが「半導体業界のダークホース」として世界の著名投資家から注目を集めている理由は、特にＡＩチップ市場の拡大と半導体の国内生産の拡大に寄与しているからである。

そのＡＩ市場への本格参入から、インテルはＡＩ分野への注力を強化し、ＡＩ向けチップ製品の開発を進めているだけでなく、プログラマブルチップやエッジＡＩプラットフォームを発表するなど、ＡＩ分野での応用が進んでおり、「ＡＩをあらゆる場所に導入する」という、投資家に対する力強いメッセージを発している。

国内半導体生産の拡大と政府支援から、インテルは自社のチップ製造能力（ファウンドリ事業）を強化し、米国政府の「ＣＨＩＰＳ法」による支援を受けて国内生産を拡大している。この動きは、地政学的リスクに対処し、半導体の供給チェーンを強化する戦略に基づくものである。その結果、２０２４年11月、米商務省（ＤＯＣ）からインテルに対して78億６０００万ドル（約１兆２０００億円）の補助金が決定された。そして同社が国防総省と30億ドルの契約を結んだことも発表された。この補助金は、アリゾナ州、ニューメキシコ州、オハイオ州、オレゴン州で同社が進める約９００億ドルの製造プロジェクトに活用される。ジーナ・レモンド商務長官は「米国で設計された半導体が、米企業によって米国内で米労働者によって製造されパッケージされるのは久しぶりのことだ」と述べた（ロイター、２０２４年11月27日）。

これが生産能力の飛躍的な向上となっていくことだろう。こうした将来に向けた成長性の高さから、同社は半導体市場における重要なプレーヤーとして位置付けられ、投資家にとっても魅力的な投資先となっている。

（5）ＡＳＭＬ（ASML Holdings：オランダ）

ＡＳＭＬは半導体製造装置メーカーであり、特にリソグラフィー装置（半導体露光装置）の分野において世界でほぼ独占的な地位を占めている。とりわけ極端紫外線（ＥＵＶ：Extreme Ultraviolet）リソグラフィー技術は、次世代の半導体を製造するために必要不可欠な技術であり、ＡＳＭＬはこの技術を持つ唯一の企業であるから競争優位性が高い。

スマートフォン、コンピューター、自動車、ＡＩ、ＩｏＴにおける近年の技術進化が著しい中で、半導体の需要は急増しており、リソグラフィー装置への需要は拡大するばかりである。ＡＳＭＬはその供給を担う主力企業なのである。

ＡＳＭＬの装置は1台が数千万ドルと高価であり、高い利益率が見込まれる。さらにＴＳＭＣ（台湾セミコンダクター）やサムスン、インテルなどの大手半導体メーカーと長期契約していることから、継続的な収入源も確保している。販売後もソフトウェア、メンテナンス、アップグレードサービスを提供していることでも収益源を確保している。

さらに、ＡＳＭＬは継続的に特にＥＵＶリソグラフィー技術の開発に膨大な投資もしており、世界中の主要な半導体メーカーにとって欠かせないパートナーである。著名な投資家や機関投資家にも成長性を高く評価されている。例えば、資産運用会社インベスコ、ブラックロック、バンガード、半導体関連企業のテキサス・インスツルメンツ、そして中東の巨大政府系ファンドのカタール投資庁、機関投資家のアリストンなどがＡＳＭＬの株式を大量に長期的に保有しており、その人気の高さは注目に値する。

●液浸冷却テクノロジーセクター

液浸冷却技術が、生成ＡＩ企業に重要視される理由はいくつかある。

その筆頭に挙げられるのは、高密度計算の必要性から、生成ＡＩが大量のデータを処理するため、膨大な計算能力を要求されることだ。それはコンピューター機器が猛烈に熱を発することに等しく、正常な作動には、素早く適切な冷却措置がほどこされることが必須になる。そこで大事なのが冷却技術なのだ。

この液浸冷却技術とは、電子機器やデータセンターの冷却を目的として、電子機器全体を冷却液に浸すことで熱を効率的に除去する冷却方法だ。従来の空冷方式では限界を迎える高密度な計算環境や、エネルギー効率の向上が求められることから注目されている。

この技術の特徴は、高い冷却効率である。液浸冷却は、冷却液が電子機器の表面に直接接触するため、熱伝導効率が非常に高く、従来の空冷や水冷と比較して効果的に熱を除去できる。

この技術によってコンピューター機器を高密度で配置できるため、スペースの効率化が可能である。また従来の空冷システムに比べ熱管理が優れていて、特に高負荷の運用時でも温度を安定させることができる。

そして、何よりも液浸冷却技術により、システムの信頼性が向上する。加えて、エネルギー消費を削減できるため、運用コストの低減が期待できる。

この技術は持続可能性を重視するマグニフィセント7を含めた大手ビッグ・テック企業にとどまらず、例えば「フォーチュン」誌が認める世界の５００社の70％以上の企業に対して、大きなメリットをもたらすだろう。

さらに騒音低減のメリットからも、冷却ファンが不要になるために静音性が求められる環境（例えば研究室やオフィス）でも利用しやすい。

環境への配慮から環境規制が厳しくなる中、液浸冷却は温室効果ガスの削減や冷却水の再利用が可能で、持続可能な運用に貢献が期待される。

これらの要因により、生成ＡＩ企業の80％以上の企業が効率的で環境に優しい運用を実現するため、液浸冷却技術に注目しており、巨額資金を投資、同時に両者の提携が増えている。さらには、生成ＡＩ関連企業のみならず、液浸冷却テクノロジーの最先端技術は、データセンターに必要不可欠なものとなっており、幅広い企業からのニーズも高まる一方だ。ここでも世界が注目する液浸冷却テクノロジー企業の代表を三つ挙げておこう。

(1) GRC (旧 Green Revolution Cooling)

同社は、データセンター業界における液浸冷却のリーダーとして認識されており、特に新たな技術を求める企業や投資家からの関心が高い。その液浸冷却技術、エネルギー効率、環境への配慮、高密度データセンター対応、そして信頼性の向上の面からの評価も高い。データセンターのエネルギー効率や持続可能性へのニーズが高まる昨今、ＧＲＣのソリューションはますます重要視されるに違いない。ＧＲＣは革新的な冷却ソリューションを提供することで、データセンターの運用効率を向上させ、業界における重要な役割を担っていくことからも注目に値する。

(2) Submer (スペイン)

スペイン・バルセロナを拠点とする同社は、液浸冷却技術を専門とする企業である。最近、効率的な冷却ソリューションを編み出した。それは非導電性の生分解性冷却剤にサーバーラック全体を浸すという画期的なものである。

この技術を活用して、データセンターやハイパフォーマンスコンピューティング（HPC）環境での冷却効率を大幅に向上させるソリューションを提供している。

同社の液浸冷却システムは、サーバーを直接冷却液に浸すことで、従来の空冷や水冷よりも効果的な熱管理を実現している。この技術はエネルギー効率を高め、ハードウェア寿命の延長を可能とする。またエネルギー消費の削減に関しては、このシステムは冷却コストを最大95%削減することが可能で、データセンターの運用効率を劇的に改善する。環境への配慮からは、Submerは、CO_2排出量を削減する持続可能な冷却ソリューションを目指しており、再生可能エネルギーと組み合わせて使用されることもある。

この技術は、データセンターの省エネルギー化に、高熱機器の冷却と仮想通貨マイニング施設の分野での活用が期待できる。したがって急増するデータ需要と環境負荷への対応が求められる現代において、重要な役割を果たしていくであろう。

(3) LiquidCool Solutions

LiquidCool Solutionsは、米国ミネソタ州に本拠を置き、液浸冷却技術を専門とする企業である。

液浸冷却技術を専門とする同分野におけるリーダー的存在。特にデータセンターや高性能コンピューティング向けの革新的な冷却ソリューションを提供している。データセンターやエッジコンピューティング[※1]、限界的な環境下でのIT機器冷却ソリューションを提供しており、特にエネルギー効率や環境負荷の削減に強い関心を持つ企業や業界から注目されている。

同社が液浸冷却技術の一つである「TIDF(Total Immersion with Directed-Flow™)技術」は、同社が特許を取得している革新的な液浸冷却技術で、冷却効率とエネルギー効率の大幅な向上を目指している。この技術は、まず冷却液を直接チップに送り込み、最も熱が発生する部分を優先的に冷却する仕組みを採用している。直接冷却と液浸冷却の融合であるTIDF技術の優れているところは、冷却液を一番熱くなっている電子部品に送ることで、チップが常に最適な温度で作動できるように設計されていることである。さらに他の電子部品を冷却した後にシャーシ(さまざまなパーツを格納している枠組み)から出て、再び外部で冷却されて循環する仕組みである。これによって効率的な熱管理の実現が可能になる。

※1　エッジコンピューティング……利用者や端末と物理的に近い距離に処理装置を分散配置すること

●バイオテクノロジー・セクター

バイオテクノロジーとは、生物学的なプロセスや生物を利用して新しい製品や技術を開発する科学技術の分野である。遺伝子工学、微生物学、細胞生物学などの生物学的知識を応用し、医療、農業、環境、食品などさまざまな分野で利用されている。

バイオテクノロジー企業はそれぞれ独自の技術を持ち、ゲノム解析市場で大きな役割を果たしていく。とりわけ「ヒトゲノム解析」に関連するテクノロジーは、今後、急成長が期待されている。２０２８年から２０３３年までに約10億人から20億人超に利用される可能性を有しており、これまでのインターネットや iPhone の普及速度をはるかに超えるだろうと見なされている。

バイオテクノロジーがＡＩと組み合わされることで、医療やバイオテクノロジー分野のみならず、さまざまな産業に伝播《でんぱ》する可能性が大きい。将来的には半導体市場の3倍から5倍に相当するとの予測もある。

私が注目するのは、バイオテクノロジー分野の革新的技術の登場により、これまでの遺伝子技術の常識は驚異的にことごとく覆される可能性があることだ。それまでの常識を超えた、前例のない技術が世界中の人々に提供されることで、今後、さまざまな病気を治すことができると期待されている。そこには莫大な資金が集中し、世界最大手企業の製薬会社と巨額な資本提携契約を結び、近い将来には、数十兆円規模のビッグ・ビジネスに成長するだろう。何十万人から何百万人の命を救うことが可能になるかもしれない。次世代のマグニフィセント7の一つとして期待できるのは、世界の投資家としての米国が、国家として巨額資金を投資しているからに他ならない。

例えば、インテュイティブ・サージカル（Intuitive Surgical）の「da Vinci（ダ・ヴィンチ）」で知られる外科手術システムは、２００5年の上場当時は関係者以外ほとんど誰も知らなかった。しかし今では、千手観音《せんじゅ》のように何本もの手術用アームを動かせる医療手術用ＡＩロボットは、人気テレビドラマ「ブラック・ペアン」でも披露され、誰もが知るものとなった。そして同社の株価は、２００５年から２０２０年までに40倍にもなったのである。もしこの株の上場時に10万円の投資資金を投じていたとすると、４００万円になったということである。

また、バイオ創薬で有名なアムジェン（ＡＭＧＥＮ：Amgen）は、上場時に１ドルだった株価が３００倍となる３００ドル近くまで上昇している。

ここでは私が注目する企業を４社ピックアップしておきたい。

（1）クリスファー・セラピューティクス（CRISPR Therapeutics：スイス）

同社はCRISPR-Cas9技術を活用した遺伝子編集に特化したバイオテクノロジー企業で、さまざまな遺伝子関連疾患に対する治療法の開発に取り組んでいる。「遺伝子のハサミ」とも呼ばれるCRISPR-Cas9技術を利用し、特定の遺伝子を精密に〝編集〟するのを可能とした。

同技術は、２０１２年にエマニュエル・シャルパンティエとジェニファー・ダウドナにより開発され、ノーベル化学賞を受賞した。疾患対象は筋ジストロフィー、ハンチントン病、血友病、癌《がん》、感染症など幅広い。そして遺伝性疾患、癌治療、腫瘍微小環神経変性疾患、ウイルス感染症、さらに再生医療の面からも評価されている。

２０２３年には、史上初の遺伝子編集治療法が米国の食品医薬品局（ＦＤＡ）に承認され、重要なマイルストーンを達成した。心血管疾患や糖尿病に対する遺伝子編集治療法の開発を進めており、今後数年間で20種類以上の治療法のリリースを予定している。

著名投資家キャシー・ウッドの推奨により、大手機関投資家ブラックロックが1億３０００万ドル（約１９５億円）を投資していることからも注目に値する。

(2) BenevolentAI（英国）

ＡＩを用いた医薬品開発の先駆者として、同社はバイオテクノロジーおよび製薬業界での影響力を増しており、従来の開発プロセスを効率化し、迅速な新薬の市場投入を目指している。

そして遺伝性疾患、癌治療、腫瘍微小環神経変性疾患、ウイルス感染症、再生医療の面からの評価も高い。将来への展望としては、ＡＩ技術の進化を活《い》かして新治療法の発見を推進し、特に複雑な疾患に対する新たなアプローチを提供することが期待されている。ＡＩの活用が医療分野での革新を促す可能性が高く、その中心的な役割を果たすことが期待されている企業として注目される。

(3) 10x Genomics

同社は[※2]シングルセル解析技術のリーダー的企業。細胞レベルでの遺伝子発現やエ[※3]ピジェネティクス解析を行うための技術を提供しており、その革新的なアプローチにより、同分野での重要なプレーヤーに台頭している。

さらにシングルセル解析技術の特徴は、個々の細胞を詳細に解析できることで、細胞の多様性や機能を理解するのに役立つ。さらに特許出願数、研究機関での採用数、豊富な製品ラインの面からの評価も高い。同社は１７５０件以上の特許を出願しており、その技術力は高く評価されている。

同社の技術は世界中のトップ研究機関で広く使用されており、生命科学や医学研究の進展に寄与している。また同社は、遺伝子発現解析やエピジェネティクス、細胞の空間的な位置を考慮した解析などを可能にするさまざまな製品を提供している。

※２　シングルセル解析技術……単一細胞レベルで遺伝子発現、エピジェネティックな修飾、遺伝子変異、代謝状態などを詳細に解析する技術
※３　エピジェネティクス解析……遺伝子の発現や機能がＤＮＡの塩基配列の変化とは無関係に、化学的な修飾や構造的な変化によって調節されるメカニズムを研究すること

（4）Acrivon Therapeutics

同社は、癌治療に特化したバイオテクノロジー企業。患者ごとに最適な治療法を提供するためにＡＩとバイオマーカーを活用する。特に、卵巣癌や乳癌などの固形腫瘍、白血病などの血液癌に対する治療法の開発に取り組んでいる。

同社の革新的なアプローチ、ＡＩサポートプラットフォーム、高速な普及、提携と資金調達の面からも評価されており、ビル＆メリンダ・ゲイツ財団との共同研究や、多くの大手製薬会社との数千億円規模となる巨額な提携を通じて、研究開発のリソースを強化している。

多くの癌患者に有益な治療法を提供することを目指す企業として、２０２８年から２０３３年の次のメガ・トレンドとして期待できる。

●ＡＩクラウド・セクター

ＡＩクラウド業界とは、ＡＩの技術をクラウドコンピューティング環境で提供する市場のことを指す。この業界では、企業や開発者がＡＩの機能やサービスをクラウドベースで利用できるようにするプラットフォームやツールの提供が展開されている。

企業や開発者がＡＩ技術をより簡単に利用できる環境を提供し、さまざまな分野でのＤＸ（デジタルトランスフォーメーション）を加速させている企業が存在している。有力３社を挙げよう。

(1) スノーフレイク (Snowflake)

同社の特長は、データストレージと分析の効率を高めるための強力なプラットフォームであることだ。多くの企業がＤＸを推進するために採用しており、クラウドネイティブ（クラウドの利点を徹底的に活用するシステム）なアプローチとスケーラビリティ（拡張性、拡張可能性）の高さから、データ駆動型の意思決定を支援する重要なツールとされている。主な技術は以下のとおり。

●マルチクラウドアーキテクチャでは、AWS、Google Cloud、Microsoft Azure など複数のクラウドプロバイダーに対応し、ユーザーが柔軟にデータを管理できる環境を提供する。スケーラビリティからユーザーのニーズに応じてリソースを迅速にスケールアップ・ダウンできるため、コスト効率が高い。

●データ共有機能としては、データを安全かつ簡単に他のユーザーやパートナーと共有できる機能を備えている。セキュリティ面ではデータの暗号化やアクセス制御に関する強固な機能を持ち、企業のデータ保護に寄与する。

大手ファンドや機関投資家からの投資については、バークシャー・ハサウェイが、大規模な投資を行っている。マッコーリー・グループやゴールドマン・サックスなどの金融機関も投資しており、著名な投資家たちからの注目度の高い企業として知られている。

(2) データロボット (DataRobot)

同社の特色は、金融分野においてはリスク評価や不正検出に、ヘルスケア分野では患者の健康予測や治療法の選定に、また製造分野では生産の最適化や予知保全に活用されるなど、応用分野が多岐にわたることだ。

またマーケティング分野では、顧客セグメンテーションやキャンペーン効果の予測に応用され、自動化された機械学習のプラットフォームを通じて、企業のデータを活用しやすくしている。そして自動化されたモデル構築、多様なアルゴリズム、予測の解釈性、そして統合と拡張性などの面からも評価が高く、専門家でなくても利用できるユーザーインターフェースコンピューターを使用する際の操作画面・操作方法）を持つことで、データ駆動型の文化を、企業内に根付かせる重要な役割を果たしていると評価されている。

(3) パランティア・テクノロジーズ (Palantir Technologies)

同社はデータ分析に優れ、政府、金融、ヘルスケア、製造業などさまざまな業界向けにカスタマイズされたビッグデータソリューションを提供する。

特筆されるのは、ＣＩＡ（米中央情報局）やその他の政府機関が大口の顧客であることであろう。データ分析と情報管理のプラットフォームを提供し、特に国家安全保障や防衛に関連したプロジェクトに従事している。その事業内容、市場での位置付け、成長戦略、経済的影響、そして社会的影響の面からも評価は高く、CIAの関連会社であるインテリジェンス・ベンチャーズのIn-Q-Telが、同社に初期投資を行ったことで、同社の成長を支援した。これにより、パランティアは政府機関との密接な関係を築き、さまざまなデータ分析のプロジェクトで活用されるという独自のポジションを築いている。

同社株は2024年9月からS&P500の構成銘柄に選ばれ、今や1株=100ドルを超えて上場来高値を更新し続け、取引高も増えて新たな人気銘柄となっている。

(4) クラウドフレア (Cloudflare)

同社はウェブセキュリティ、パフォーマンス向上、コンテンツ配信ネットワーク(CDN:Contents Deliverly Network) などのサービスを提供する。

2009年に設立され、世界中に広がるデータセンターを活用して、ウェブサイトの読み込み速度を向上させたり、DDoS攻撃や悪意あるBot(不正なプログラム)をプロテクトするネットワークプロバイダー企業である。

2024年9月、同社はウェブページの読み込みを最大45%高速化するサービス

「Speed Brain」を開発したと発表した。同社のＣＤＮ「Cloudflare」を利用することで、ウェブサイトの読み込みが、ほぼ瞬時に完了することになった。「Google Chrome」「Microsoft Edge」などのブラウザで使用可能である。Cloudflareの４プランのうち、無料で使用できるプランもある。これはＨＴＭＬファイルや画像のダウンロードの遅延が高速な読み込み時間実現の障害になっているため開発された。そしてセキュリティ機能の提供、市場での位置付け、多様な顧客基盤、経済的影響、そして分散型アーキテクチャ[※4]の面からの評価も高く、フォーチュン１０００企業[※5]の30％以上を顧客に持つと同時に、中小企業をはじめ、広範な顧客にサービスを提供している。

同社は、ＡＩを使用してインターネットの安全性と効率を高める重要な役割を果たしており、ＡＩ革命の最先端を走るインフラ構築企業として注目される。

※４　分散型アーキテクチャ……処理機能を分散させることで性能、使い勝手や規模の柔軟性を向上させる構造設計

※５　フォーチュン１０００……雑誌「フォーチュン」誌が米国の大企業で売上規模上位１０００社をランキングしたもの

●暗号資産・コインセクター

暗号資産（仮想通貨）市場は急速に成長しており、中でも次のメガ・トレンドとして注目されるコインセクターは、特に革新的な技術や使用法を考案している。

スマートコントラクト[※6]、分散型金融（DEFI）、非代替性トークン（NFT）、メタバースなど、従来の暗号資産にはない新たな用途を持ち、技術革新や市場の需要に応じて急成長する可能性が高い。

最も需要なことは、次のメガ・チェンジにおける暗号資産が、世界の金融市場を大変革することだ。つまり〝金融ビッグ・バン2・0から3・0〟へとマーケットを様変わりさせることである。これによって、金融市場の中枢（銀行業、保険業、株式市場、為替市場）を席捲していくことになる。これは、グローバルベースでの金融市場の中で数十兆ドル（数百兆円）にも及ぶ取引を独占していくことに他ならない。

今現在の暗号資産の2兆ドル（約300兆円）の市場規模が10倍から数十倍に膨れ上がることになる。ビットコインには、すでに800社から1000社の資金が投入されているが、例えば、「ルナ（LUNA）」や「バイナンス（Binance）」は驚異的に成長し、高いリターンをみせている。そして次世代の暗号資産には、世界の機関投資家（米大手投資信託会社、米系大手都市銀行、米系著名投資家、米大手ミューチュアルファンド）も顧客への推奨と同時に自己資金を移行し始めている。

実際、2014年から2024年までの10年間で、最も高いリターンがあった投資先は、金、債券、米国株式のいずれでもなく〝ビットコイン〟であったことには驚かされる。

ビル・ゲイツやイーロン・マスク、キャシー・ウッドなど著名な投資家や企業が暗号資産を〝支持〟したことで、その価値が一般的に認知された。まだ知られていないが、注目に値する次世代コインを扱う代表的な3社を挙げる。

※6　スマートコントラクト……ブロックチェーンシステム上の概念であり、あらかじめ設定されたルールに従って、ブロックチェーン上の取引、もしくはブロックチェーン外から取り込まれた情報をトリガーにして実行されるプログラムを指す

(1) ソラナ(Solana)

同社の特徴は、高度なトランザクション(取引)処理能力と安い手数料に収斂《しゅうれん》されよう。他のブロックチェーン、例えばイーサリアムなどと比較して、非常に高いスループット(処理能力)を誇っている。

ソラナのブロックチェーンは、理論上は1秒間に最大6万5000~10万件の取引を処理できるとされている。これは、伝統的な決済システムであるVISAの1秒間に約2700件という処理能力を大きく超えており、次なる金融ビッグ・バンにつながっている。金融業界のみならず多くの企業群を凌駕する途轍《とてつ》もない可能性を秘めているとも言えるのだ。

最大10万件/秒(TPS)を処理できる能力を持っているとすると、イーサリアム(Ethereum)やビットコインなどの他の主要ブロックチェーンと比べて圧倒的に高速で、低取引コストについては1トランザクションあたりのコストが非常に安価(0・00025ドル程度)で、これにより世界的な利用や普及が促進されるだろう。

そして高スループット[※7]、安い手数料、エコシステムの拡大、その高いスケーラビリティと高速トランザクション処理能力により、著名投資家や機関投資家から人気を獲得した。

特に、アンドリーセン・ホロウィッツなどの著名な投資家が、ソラナ関連のプロジェクトに大規模な投資を行っていることが知られている。

著名な投資家でもあるイーロン・マスクは暗号資産に対する発言力が強く、またピーター・ティールも、「次のメガ・トレンド・コイン」として注目しているという点からも、ソラナが次世代を担う候補である可能性が高いと見られている。

※7　高スループット……あるシステムが一定時間内に処理できるデータ量が多いことを意味する。ネットワークや通信の分野でよく使われる用語で、システムのパフォーマンスを評価する重要な指標である

(2) アバランチ (Avalanche)

高速でスケーラブルなブロックチェーン・プラットフォーム。特に分散型アプリケーション (DApps) や金融サービスのディーファイ (DeFi : Decentralized Finance) に焦点を当てており、他のブロックチェーンと比較しても優位を保つ。

多くの投資家、例えば Three Arrows Capital、Polychain Capital、そして Andreessen Horowitz などが多額の資金を投資している。コンセンサス・アルゴリズ[※8]

ム、高スケーラビリティ、サブネット（ネットワークの細分化）、そして互換性の面からの評価も高い。

著名投資家もベンチャーキャピタルも、同社の技術的な優位性や将来性を評価、関心を示している。独自の仕組みを採用するブロックチェーンエコシステムにおいて重要な役割を担う企業として期待されている。

※8　コンセンサス・アルゴリズム……暗号資産の取引を管理するブロックチェーンと呼ばれる技術において、取引情報の「固まり」を新たに加える際のルールとなる計算手続き

(3) イーサリアム（Ethereum）

同社は、分散型アプリケーション（DApps）を構築するためのプラットフォームを提供する企業だ。ブロックチェーン技術を基盤に、スマートコントラクトと呼ばれる自己実行型の契約を利用することで、さまざまな取引やアプリケーションを自動化することができる。さらに分散性、ネイティブ暗号通貨として、スケーラビリティ、セキュリティの面からの評価も高い。イーロン・マスクや、ピーター・ティールなどの個人投資家をはじめ、機関投資家からも大きな関心を集めている。主要ブロックチェーン・プラットフォー

ムとしての地位をさらに強固なものにしている。

●人工知能（AI）セクター

人工知能（AI）セクターは、急速に成長しているテクノロジー産業の一つであり、さまざまな分野において革新が見られている。

機械学習については データから学習し、予測や分類を行うアルゴリズムの開発や、自然言語処理（NLP）テキストや音声データを理解し、処理をする。また、コンピュータービジョンは顔認識、自動運転車、医療画像診断などに活用されている。

ロボティクス化については、自動運転車や産業用ロボット、サービスロボットが含まれる。将来のAI業界のゲーム・チェンジャーとなる企業をここでも3社挙げておきたい。

(1) グロック（Groq）

同社のチャット・サービスに質問した場合に解答してくる速度は、ChatGPTの〝10倍以上〟の驚異的なスピードだ。NVIDIAの半導体GPUの10倍以上の速度で計算することができるのは、電力消費量が相当低い半導体LPUを開発した成果と言えよう。このLPUの仕組みは従来のGPUとは大きく異なるもので、スピード、電力消費などの面において独自の大きな優位性があり、ソフトウェア面（CUDA）への対応も怠りない。

2024年8月、AI推論チップを手がける米ベンチャーGroq は、資金調達Dラウンドで6億4000万ドルを調達したが、これはブラックロックが主導し、シスコシステムズ、KDDI、サムスンなどの既存投資家も参加した。[※9] 同社の累計調達額は13億ドル（約1950億円）以上、企業評価額は28億ドル（約4200億円）とされている。

「GroqCloud」の起源は Groq が2023年に公開した「GroqChat」にあり、言語処理ユニット（LPU）による高速な Llama2 70B の実行により、その推論パフォーマンスの高さを実証した。すかさず生成AI技術をベースとしたサービス会社 Definitive Intelligence を買収、オープンソースのLLMをホストし、超低レイテンシ推論を使用量に応じて低価格で提供するという新たなサービス「GroqCloud」を生み出した。

Groq は今回調達した資金により、GroqCloud にLPUを10万8000台以上追加配備するほか、人材を大幅に増やし、第二世代のLPUの開発を加速する計画である。ちなみに Groq は Global Foundries にLPUの製造を委託している（EDA Express、

２０２４年８月９日）。そして独自アーキテクチャ、高い性能、シンプルなプログラミング、データセンター向けの面からの評価も高い。

この驚異的なテクノロジーを目の当たりにした著名投資家、機関投資家からの人気度は際立っている。それにはセコイアキャピタル、アンドリーセン・ホロウィッツ、ＧＶ（Google Ventures）などの機関投資家やファンドが含まれる。推論分野で今後シェアを拡大し、ＡＩ学習から〝ＡＩ推論〟へと大きく舵を切っていくと期待されている。

※９　資金調達Ｄラウンド……スタートアップが成長や事業拡大のために資金を調達するために行う一連の資金調達プロセスのことを指す。スタートアップと一括りにいっても、企業によって規模や状況は異なる。そのため、これらの企業をラウンドという形で分類することで、企業と投資家間の共通認識を得ることが可能になった。Ｄラウンドとは、すでに市場内で地位をある程度確立している企業が実施する資金調達を言う

(2) ウェイブ (Wayve)

同社は、ＡＩと機械学習を活用して自動運転技術を開発している企業として知られる。

そのアプローチは、従来の自動運転技術とは異なり、特に強化学習や深層学習を用いてお

り、大量のデータをもとに車両が環境を理解し、適応する能力を高めることにある。

AI駆動の技術は、リアルタイムでの判断能力を向上させ、データ駆動は、自動運転車が実際の運転データから学ぶことで、さまざまな交通状況に適応できるものとなる。

そのスケーラビリティはさまざまな車両に適用可能であり、大企業や著名投資家から熱視線を浴びている。ソフトバンクグループ主導で、マイクロソフトやNVIDIAなどが多額の資金を投資しており、広範な用途が期待されている企業である。

なかでもケンブリッジ大学の研究チームが設立した同社は、自動車の自動運転を可能にするAI技術を開発・提供している。同社が開発する「AV2・0」というEmbodied AI[※10]は、カメラの映像などをもとに常に学習を行うため、高精度な地図データが用意されていない初めての道路でも自動運転が可能となる。

2024年5月にはソフトバンクグループ主導で、マイクロソフトやNVIDIAなどから、シリーズCラウンドとして10億5000万ドル（約1590億円）の資金調達にも成功している。AI駆動の技術、データ駆動、スケーラビリティの面からの評価も高く、「100都市に自動運転車を走らせる最初の企業になる」ことを目指している。自動運転の研究開発で競争相手となる企業は、「Waymo」や「Cruise」など少なくない（News

Venture Voice、2024年7月2日）。

しかしながら、いずれの企業も自動運転をより大規模に展開できていない状況下、同社は従来とは違ったアプローチで開発を進めることで、自動運転車を運用できる都市を一気に広げようとしている。

※10　Embodied AI：ロボットや車両にAIを組み込む技術のことであり、人間のように感覚器官を持ち、自ら学習して環境の変化に適応するロボットを実現することで、複雑な環境にも対応しようとする試みでもある（前出、New Venture Voice）

●金鉱株セクター

金鉱株に投資家が注目する理由として、ゴールド特有の価格以上のリターンが期待できるという点が挙げられる。その背景には、金鉱山会社の収益構造が大きく影響している。

まず、金鉱株は、金価格が上昇する際、金価格の上昇率以上に価格が上昇する傾向がある。例えば、金価格が10％上昇すると、金鉱山企業の利益はそれ以上に増加する。

世界的な金鉱山企業として、安定的なゴールドの生産量を維持しつつ、コスト削減を進めているところは、金価格が安定または下落した場合でも収益性を確保しやすいとされている。

そして金鉱株は、株式市場全体の変動に対して異なる動きをすることが多く、リスク分散を目的とする投資家にとって魅力的となっている。金鉱株も投資対象として注目されている。

バリック・ゴールド（Barrick Gold）

バリック・ゴールドはメジャー金鉱企業の一つで、多くの投資家が注目する理由として、金鉱株が持つ特有の魅力と、バリック・ゴールド自体の強みが組み合わさっていることにある。

ウォーレン・バフェット率いるバークシャー・ハサウェイが、２０２０年に一時的にバリック・ゴールドに投資したことが大きな話題となったことがある。バフェット氏はこれまで「金鉱株投資」には消極的であったが、バリック・ゴールドは別格であったようで、現実性や事業の強みに注目した経緯がある。同氏は、特にバリック・ゴールドの安定した生産能力や低コスト構造、さらに堅実なリサーチポリシーを評価していた。

株主還元の点からも、株主価値に注力した配当を提供しており、安定したキャッシュフローを持つ企業として投資家から信頼されている。特に規模の大きな機関投資家や個人投資家にとって、配当は魅力の一つであることは確かである。

そして、バリック・ゴールドの大規模な鉱山ポートフォリオは、世界最高の多くの採掘地に集中し、ゴールドの埋蔵量のみならず、低コストの銅資源も保有している。

第6章

英国エコノミスト誌の表紙が暗示する世界経済の未来

■年末恒例の別冊版エコノミスト誌『THE WORLD AHEAD』の表紙を解読する

ここからは前著『金融暴落！ グレートリセットに備えよ』に倣い、毎年年末に発行される英国のエコノミスト誌『The Economist』の別冊版の表紙デザインについて解読し、詳述したい。

今回、解読するのは『The Economist』の別冊版である『THE WORLD AHEAD』(以下、別冊版)の２０２４年版(２０２３年11月末発行)と、２０２５年版(２０２４年11月末発行)の2冊となる。

知ってのとおり、同誌は１８４３年創刊の英国の老舗《しにせ》経済誌の一つである。英国や米国の知識層、かつ富裕層からの信頼が厚く、全世界的な歴史観と見識に長け、柔軟性に富む鋭い分析には定評がある。

また同誌は年に数回、スペシャル・サーベイ(大規模な調査結果)を発表している。例えば「ビッグマック指数」、スターバックスでお馴染みの「トール・ラテ指数」等々。

私が毎年の別冊版の表紙デザインに執着するのは、同表紙に包含されるメッセージが次の一年の国際政治や国際経済状況、社会状況の変化などを暗示すると言われることが多いからだ。

しかしながら、そのメッセージは我々庶民に向けたものではない。それでは誰のためのメッセージなのか？　各国のロイヤルファミリーを含めた世界中に君臨するトップクラスの富豪や投資家向けに他ならない。

難儀なことに、その表紙デザインの解釈は、決して〝単純〟ではない。そこからさまざまな手がかりを見出すことができるものの、簡単にはその重大な内容の全貌を教えてくれないことから、それを探りあてる謎解きが必要になるのだ。

さらに別冊版の表紙タイトルに関して書き添えておくと、２０２１年版までの表紙タイトルは、「The World in（世界はこうなる）」であった。ところが、２０２２年版から「THE WORLD AHEAD（世界をこうする）」に刷新された。これは「国際金融資本を動かす支配層」（以下、「支配層」）が、より強引に彼らの思いどおりに世界を変えていくという意思表示の表れであると、私は捉えている。

とりわけ２０２４年版と２０２５年版については、世界をより大きな分裂に誘う可能性がこれまでになく高いと思われることから、その経緯を窺い知るためにも、今回はこの両年の表紙を読み解くことにしたい。

当然ながら、ここからは私独自の解釈・解読であることを、あらかじめお断りしておく。

■２０２５年４月にはウクライナ戦争は終結する？

まずは『THE WORLD AHEAD 2024』の表紙をご覧いただきたい。

まず２０２４年版の表題の文字に、ステンシル・フォントと呼ばれるミリタリー仕様の文字を使用したのに加え、２０２４の数字に赤色を使っている。これについては、世界各地での飛び道具（戦闘機やＩＣＢＭなどのミサイル）による紛争・戦争が激化拡大していくことによる流血は避けられない。そんな暗喩ではなかったかと、私は解釈した。

図柄の上から順に上段・中段・下段へと三分割して下方向へと解読を進めていこう。

上段左側にウクライナのゼレンスキー大統領の顔、右側にロシアのプーチン大統領の顔が対面するデザインとなっている。これは対話が成立していると読んでいいのではない

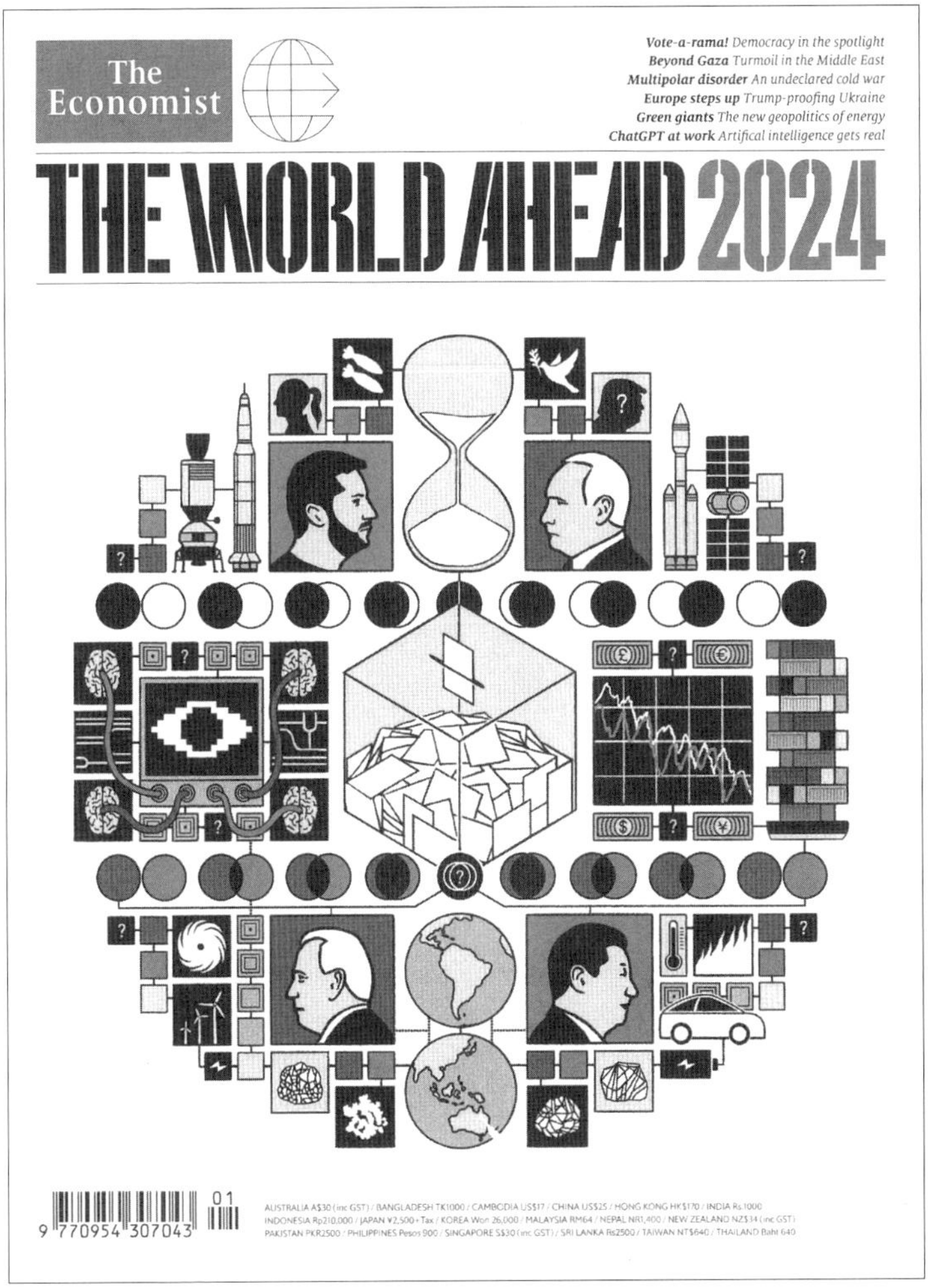
The Economist
Vote-a-rama! Democracy in the spotlight
Beyond Gaza Turmoil in the Middle East
Multipolar disorder An undeclared cold war
Europe steps up Trump-proofing Ukraine
Green giants The new geopolitics of energy
ChatGPT at work Artifical intelligence gets real
THE WORLD AHEAD 2024
9 770954 307043 01
AUSTRALIA A$30 (inc GST) / BANGLADESH TK1000 / CAMBODIA US$17 / CHINA US$25 / HONG KONG HK$170 / INDIA Rs.1000
INDONESIA Rp210,000 / JAPAN ¥2,500+Tax / KOREA Won 26,000 / MALAYSIA RM64 / NEPAL NR1,400 / NEW ZEALAND NZ$34 (inc GST)
PAKISTAN PKR2500 / PHILIPPINES Pesos 900 / SINGAPORE S$30 (inc GST) / SRI LANKA Rs2500 / TAIWAN NT$640 / THAILAND Baht 640

か。両氏の間の砂時計を見るとすでに3分の2まで落ちている。砂が落ちた下の部分は過去、上の残りの砂は未来と解釈すると、当初は、２０２４年の秋には何らかの解決策が出ると考えられていたのだろう。

上段の両氏の顔と中段の間に白黒のマルが徐々に重なっていくデザインが施されている。まるで月が太陽を覆い隠し空を暗くしているようだ。これは北アメリカ大陸を横断する皆既日食と理解できる。すると三つの日付が浮上してきた。２０２４年４月９日の皆既日食、２０２４年９月18日の部分月食、そして２０２４年10月３日の金環日食。この日柄近辺では、国際政治、国際経済、国際軍事に関する大きな出来事が勃発するのではないか。２０２３年12月にこれを目にした当初、私はそのように解釈した。

結果はどうであったか？

２０２４年４月13日に『エゼキエル書』[※1]の予言を思わせるような出来事が発生した。４月８日から４月10日までのイスラム教のラマダン（断食月）明けに、イランがイスラエルに対して報復攻撃を行った。これにより世界を巻き込む戦争へ発展するリスクが急速に高まった。

同年９月18日には、米国ＦＯＭＣにおいてＦＲＢが政策金利０・５％の大幅利下げを決定した。これについては本書で記したように、米国経済がすでにリセッションに突入したことを、パウエルＦＲＢ議長が暗に教示したと解釈していいだろう。

そして同年10月1日には、イスラエルによるハマス・ヒズボラ攻撃を受けて、イランが前回攻撃の2倍規模となる弾道ミサイル１８０発の報復攻撃を発動した。これも先に示した『エゼキエル書』の予言を示唆するかのようであった。

上段のゼレンスキーの横顔の左上に配されたポニーテールのシルエット。これはグローバリストとして有名な、メキシコ初の女性大統領となったクラウディア・シェインバウムを表しているのだろう。そして対称となる右側のシルエットは、こちらも髪型に特徴があり、後に大統領選に圧勝することになるドナルド・トランプであった。

※1　『エゼキエル書』……旧約聖書の書物の一つでヘブライ語で書かれた。『イザヤ書』、『エレミヤ書』とともに、旧約聖書中の三大預言書を構成する。エゼキエルは、ネブカドネザル2世による前597年の第1回バビロン捕囚の対象者であった。その後は預言者として、バビロンに捕囚された人々の精神的な支柱となった

■日米の株価は暴落する見通し

中段に移ろう。中段左側にあるコンピューター画面に映る目は、「プロビデンスの目（既得権益者＝支配層＝体制側）」を表していると思われる。そしてコンピューターから延びるコードは、つながっている4人の肖像画の人物のものと思われる。「プロビデンスの目」が四人を通して、世界に影響を及ぼしていることを象徴しているように思える。世界のすべてを支配している。

これは何を意図しているのだろうか。改めて表紙を俯瞰してみると、宇宙開発を想起させるスペースXらしきもの、EVを牽引《けんいん》してきたテスラらしきもの、太陽光発電を思わせるものなどが随所に配されているではないか。これらの図柄はすべてイーロン・マスクが手掛け、大成功を収めたビジネスに他ならない。

では、プロビデンスの目にあたる者たちは、マスクを米国で最も革新的なリーダーとして賞賛しているのか？　それはあり得ない。彼らは今やトランプ大統領の腹心となっているマスクを当時から相当意識していたのであろう。

次に、表紙デザイン中段の真ん中に陣取る投票箱は何を語るのか。円の中心に２０２４年一番のトピックである米国大統領選挙を持ってきたのは、当然と言えば当然であろう。だが、その右横に描かれているチャートは不気味さを漂わせている。おそらくこれは、米国大統領選挙後の米国株、米ドル、日本株のチャートを指し示しているものと解釈できる。

このチャートを見ると、升目が左から右に五つ、そして上から下に四つに区切られている。これを基準に考えると、時間軸は左から右へであり、一つ目の升目が２０２４年で２０２８年まで。株式市場の価格水準については、上から下に４万ドルから「０（ゼロ）」までと見なすことができる。

同チャートは以下の展開を表していると思われる。２０２４年11月の米国大統領選後に、米国株式市場の象徴であるＮＹダウは、史上最高値を付けてから下落を開始する。このグラフによれば、２０２８年まで下落相場が続き、「０」まではいかないが、最終的には1万ドルを割っていくものと解釈すべきであろう。なおこの２０２４年版表紙のチャートの解釈の続きについては、２０２５年版のものとセットで、のちほど解読するつもりである。

三分割したデザイン下段の部分に配された二人の横顔は、左側が現職（当時）米国大統領であるジョー・バイデンであり、右側が中国国家主席である習近平となっている。お互いが反対方向を向いていることから、対話の余地なしと見て取れよう。米中間の覇権争いが激化していくことを暗示している。

以上が、『THE WORLD AHEAD 2024』表紙に対する個人的な見立てである。

『THE WORLD AHEAD 2024』では、表紙に関連して、巻頭のコラムで編集者トム・スタンデージ（TOM STANDAGE）が，２０２４年に世界が注目すべきテーマを10点、挙げている。その中で特に気になるトピックスを要約し、私の考えも述べたい（「　」で囲んでいる部分は、著者が翻訳・要約した）。

「1　Vote-a-rama!（投票へ行こう）

２０２４年は、世界中でかつてないほど多くの選挙が行われ、世界の民主主義の在り方についてスポットライトが当たる年になるだろう。世界人口の半数を超える約42億人もの人々が、70以上の選挙に参加するのは、２０２４年が史上初めてである。しかし選挙が多く行われるといっても、必ずしも世界がより民主的になったわけではない。なぜなら、選挙の多くが自由でも公正でもないからである。」

２０２４年には米国の選挙をはじめ、多くの選挙が行われたが、必ずしも日本人が思っているような民主主義的な公正さのもとで行われているわけではない。発展途上国に多く見られるケースとして、権力者の不正を覆い隠すために選挙という形がとられることも少なくないのである。

「2　America's global choice（アメリカの国際的な選択）

アメリカの有権者や裁判所は、三分の一の確率で大統領に返り咲く可能性のあるドナルド・トランプに、評決を下すだろう。選挙の結果は激戦州の有権者数万人が鍵を握るのかもしれないが、その余波は世界中に及ぶだろう。気候変動政策からウクライナへの軍事支援まですべてのものに影響する。ロシアでの不正な選挙にしても、ウラジミール・プーチンの運命を決めるのは、ロシアの有権者というよりむしろアメリカの有権者なのかもしれない。」

大統領選挙中からトランプはウクライナ戦争の終結を目指すことを公言していたが、2025年にトランプが大統領に就任すると、バイデン政権時代のウクライナへの軍事支援とはうってかわって、トランプはウクライナに停戦交渉を進めている。プーチンの運命も、ウクライナとのロシアの停戦次第であろう。

「4 Middle East turmoil（中東の混乱）
ハマスのイスラエル攻撃とイスラエルによるガザ地区への報復によって、この地域は壊滅的な状況になり、世界がパレスチナ人の窮状を無視し続けられるという考えはくじかれた。これがより広範囲の地域紛争に飛び火するのか、あるいは平和に向けての新たな機会になるのだろうか？　肥大した超大国アメリカにとって、より複雑で驚異的な世界に適応できるか否かの試金石となるだろう。」

この本が発売された2023年の11月後半は、ハマスの攻撃が10月7日に始まって一ケ月あまりのことであったが、現在（2025年2月）の壊滅的状況まで予測していたことは注目に値する。トランプ大統領のガザ地区のパレスチナ人の移民政策の提案は世界中で物議をかもしているが、それを暗示するような言葉が書かれていることも興味深い。

「６　A Second cold war（第二の冷戦）
中国の成長鈍化、台湾をめぐる緊張の高まり、そして米国が続ける中国の先端技術へのアクセス制限を背景に「新冷戦」についての表現が激しくなっている。しかし、西欧諸国にとってサプライチェーンにおける中国への依存を減らすことを試みても、言うは易《やす》く行うは難し、である。その一方で、どちらの陣営もグローバルサウスの「ミドルパワー（中堅国家）」を味方につけようと躍起になるだろう。それはグリーンエネルギー資源のためだけではない。」

資源をめぐる先進国の争いは今に始まったことではないが、「新冷戦」のもとでは、中国とロシアが中心のＢＲＩＣＳプラスが台頭してきており、詳しくは第３章に述べたが、彼らの陣営が持つ資源は膨大で、米国に対抗しうるパワーがある。新たなデジタル通貨も含めて、世界の二極対立は今後、ますます激化するだろうから目が離せない。

「８　Economic uncertainty（経済の不確実性）
欧米の経済は２０２３年に期待されていたよりはよかったが、まだ不確実性を脱したわけではない。「より高い水準で長期間」維持されてきた金利は、企業にも消費者にも痛みの伴うものになるだろう（商業用不動産の収益は悪化しており、銀行とその融資について注視すべきだろう）。中国はデフレに陥るかもしれない。」

この本では、世界的なバブル崩壊の兆しを一貫して説明してきたが、その中で重要なポイントが金利であり、特に米国の長期金利である10年債利回りは、世界の注目の的である。金利は米国でも中国でも、不動産投資とその収益、融資体制に密接に影響しうるからである。

「9　AI gets real（ＡＩが現実化する）

企業はＡＩの採用を進め、規制当局は規制を進め、ハイテク技術者は改良を続ける。最適な規制方法を巡っての論争が激化するだろう。ＡＩの発展は「人類存亡の危機」につながるという議論は、現政権を利するための罠であるというような議論も激しくなり、想定外の利用や悪用も次々と出てくるだろう。ＡＩの仕事への影響や選挙への干渉の可能性など、懸念が山積みだ。最も現実的な脅威とは？　より速く高度になる（自律的な）プログラミングである。」

今まで人間が何日もかかっていた調査がわずか数分でまとめられ、あらゆる画像が言葉ひとつで融合されるなど、ChatGPT の誕生により、ＡＩへの脅威論は一般化した。知的財産の所有権の侵害など、議論すべき問題は増えるばかりだ。しかしその影響は日増しに大きくなっている。検索エンジンやスマートフォンが今の人々の生活に欠かせないように、やがて人々の生活に自然に溶け込んでいくのだろう。だからこそ、不正な利用を制限するための議論や法整備も早急に取り組まなくてはならないだろう。さらに中国初の DeepSeek の登場は、新冷戦の新たな局面に影響することになった。最先端ＡＩにおいても、米国と中国の覇権争いが激化していくだろう。

■正念場を迎えるＡＩ

ここからは『THE WORLD AHEAD 2025』の私なりの解読になる。表題の下に書かれている英文字の副題の訳から始めてみよう。

Donald Trump returns The global consequences・Trade wars A Tariffing

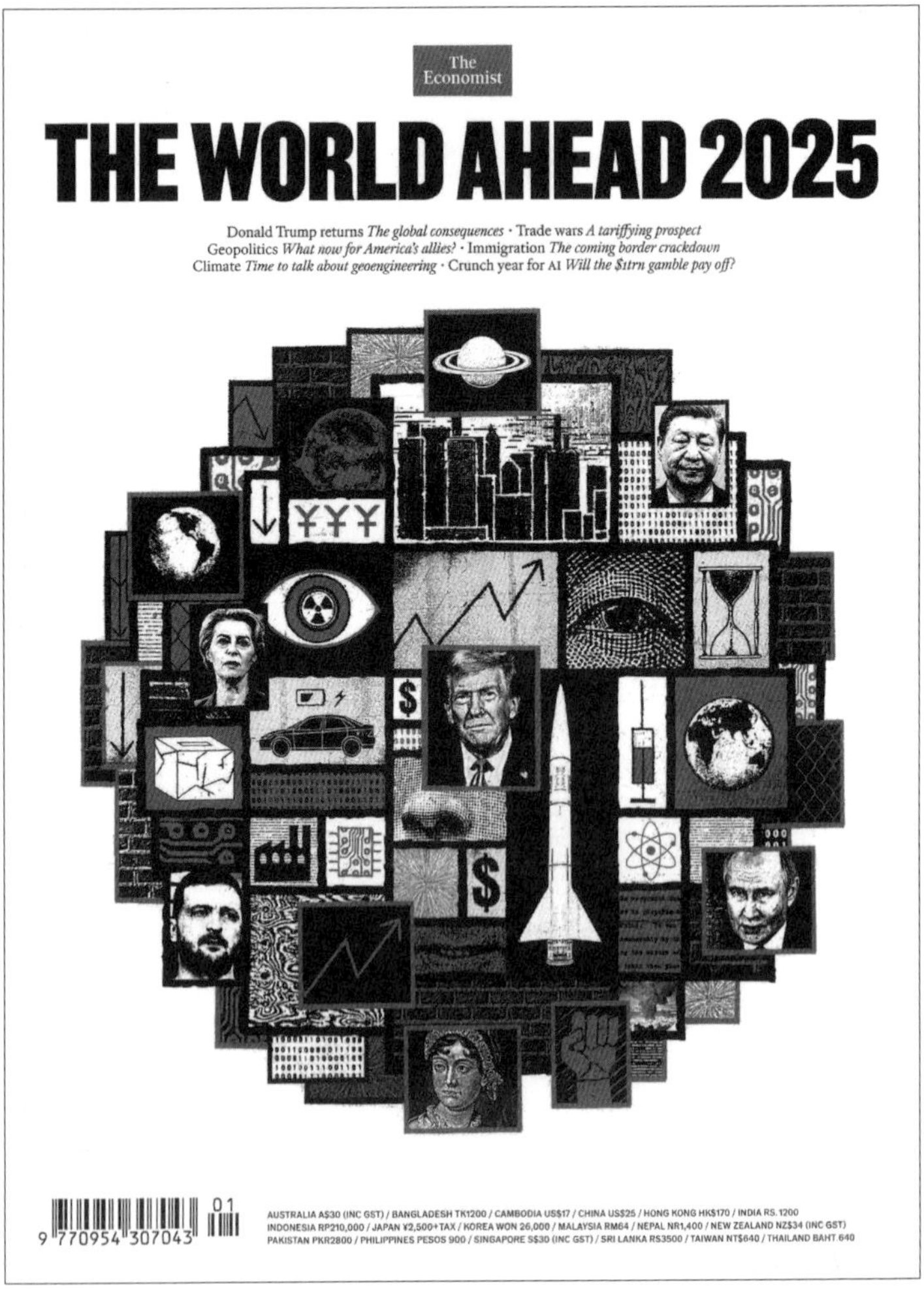
The Economist
THE WORLD AHEAD 2025
Donald Trump returns The global consequences · Trade wars A tariffying prospect
Geopolitics What now for America's allies? · Immigration The coming border crackdown
Climate Time to talk about geoengineering · Crunch year for AI Will the $1trn gamble pay off?
AUSTRALIA A$30 (INC GST) / BANGLADESH TK1200 / CAMBODIA US$17 / CHINA US$25 / HONG KONG HK$170 / INDIA RS.1200
INDONESIA RP210,000 / JAPAN ¥2,500+TAX / KOREA WON 26,000 / MALAYSIA RM64 / NEPAL NR1,400 / NEW ZEALAND NZ$34 (INC GST)
PAKISTAN PKR2800 / PHILIPPINES PESOS 900 / SINGAPORE S$30 (INC GST) / SRI LANKA RS3500 / TAIWAN NT$640 / THAILAND BAHT 640

prospect　Geopolitics What now for America's allies?
〈ドナルド・トランプが復帰　世界的な影響／貿易戦争：関税の見通し／地政学的に米国の同盟国はどうなるのか？〉
Immigration The coming border crackdown　Climate　Time to talk about geoengineering Crunch year for AI Will the $1trn gamble pay off?
〈移民問題：迫り来る国境取り締まり／気候　地球工学について語る時／ＡＩの正念場となる年：１兆ドルの〝ギャンブル〟は報われるか？〉

ここでつかの間の脱線を許していただきたい。

「ＡＩの正念場となる年：１兆ドルの〝ギャンブル〟は報われるか？」という副題がなぜ付けられたのかが気になったからである。マイクロソフト、ＮＶＩＤＩＡなど米ビッグ・テック企業のＡＩ総投資額が１兆ドル（約１５０兆円）にもなるとされる。ところが、現時点においてＡＩが今後どう進化するのか、またＡＩがどのような災厄を引き起こすリスクを孕むのか。そうした未来図が確立されていない。

果たして1兆ドルも資金投入したギャンブルは報われるのだろうか。それで本当にいいのか？　別冊版はそんな疑念を呈しているのだろう。別冊版を手がけたエコノミストの編集陣は巻末で、ＡＩの活用は人類にとって史上最大の〝賭け〟とまで言い切っている。おそらく彼らは既視感を抱いたのだろう。２０００年のＩＴバブル崩壊の記憶を手繰り寄せたかもしれない。

先にも触れたが、当時はドットコムと名前が付くものすべてに投資が殺到した。真贋《しんがん》問わず、なんでもかんでも買いまくり、まるで熱に浮かされたようであった。ところが、バブルが盛大に弾けて、米国経済は度し難い敗北を味わうはめとなった。株式市場のクラッシュ後、本物のビッグ・テックのみが長い時間をかけて現在の繁栄を築いた。

先に記したように、現在のマグニフィセント7も同じような道を辿るのかもしれない。

■他国の戦争には関与しないトランプ

話を本線に戻そう。

まずは表紙全体のデザインの印象から。赤色と黒色のコントラストが用いられたことによって、漠然とした不確実性に対する嫌悪感、わだかまり、さらには不穏な刺激と挑発が呼び起こされ、どこかくすんだイメージを抱かせられる。要するに、２０２５年は世界が困難に向き合わねばならない。それを象徴したデザインとなっているのではないか。私はそう捉えた。

一番気になるところから先に読み解いてみたい。

見てのとおり、『THE WORLD AHEAD 2025』の表紙において円のデザインの中心に、米国大統領選で圧勝したドナルド・トランプを据えた。これはとりも直さず、本号の圧倒的なトピックが彼の大統領再任であることをストレートに示しているようだ。

さらに国際社会における政治、経済、軍事、そして金融の世界の表舞台の中心となるのは米国であるということに、人々の関心をフォーカスさせる暗示効果を狙ったものとも言える。

ドナルド・トランプは、「ＭＡＧＡ（Make America Great Again）」政策により、本来の米国を復活させる政策を推進することになるはずだ。その内容は大摑みに捉えると以下の三つである。

①他国に対する高関税政策により、米国の製造業を全面的に支援する。
②規制緩和によりインフラを整備し、投資を促す。
③自国の軍備を強化し、他国の戦争には関与しない。

この中で、私が最も重要と考えるのは、③の「他国の戦争には関与しない」である。これによって、ここ数年で高まってきた各国の地政学的リスクは〝緩和〟される。その鍵を握っているのがトランプということになる。

以下はトランプが発信した外交戦略の概略である。

ウクライナ戦争については、ゼレンスキー大統領に対してドネツク州、ルガンスク州のうち、親ロシア派がマジョリティを占めている地域をロシアに譲渡させる。かつ「ウクライナはNATOに加盟しない」ことを条件に、紛争停止に持ち込ませる。

中東紛争に関してはイスラエルが掲げる条件次第だが、トランプはある程度は解決できると見込んでいるようだ。イランを軍事面でバックアップするロシアの影響力を弱められると目論んでいるフシが見られるからだ。そのためには前述のウクライナ紛争停戦の内容でロシア・プーチン大統領に花を持たせる必要が生じるだろう。

北朝鮮については、実際に１期目の大統領時代に朝鮮労働党委員長・金正恩《キムジョンウン》との米朝首脳会談を設けた実績があることから、第２回目となる米朝首脳会談の設定は可能である。

こうしたトランプ外交により、世界の地政学的リスクが緩和されることになれば、明るい未来地図が描かれるような錯覚に陥っても不思議ではない。だが、本書で論じてきたように、現実的には米国発の金融大暴落が起きるであろうことから、世界経済は重大な危機に晒される運命が待ち受けているだろう。

世界経済が抱える現実問題を理解してもらうためには、米国経済がどのような産業によって成り立ってきたのか、あるいは支えられてきたのかを考えれば、一目瞭然であろう。それはかねてより米国の二大基幹産業と言われて久しい医療産業と軍需産業だ。

コロナ禍が終焉した頃に医療産業の勢いに陰りが見え始め、米国経済のバロメーターであるＮＹダウ平均株価は、続落の一途を辿った。世界の主要企業のＣＥＯの70％以上が

図21 主要各国のＧＤＰ変化 2021～2025年
（2021年を100とした場合 自国通貨基準）

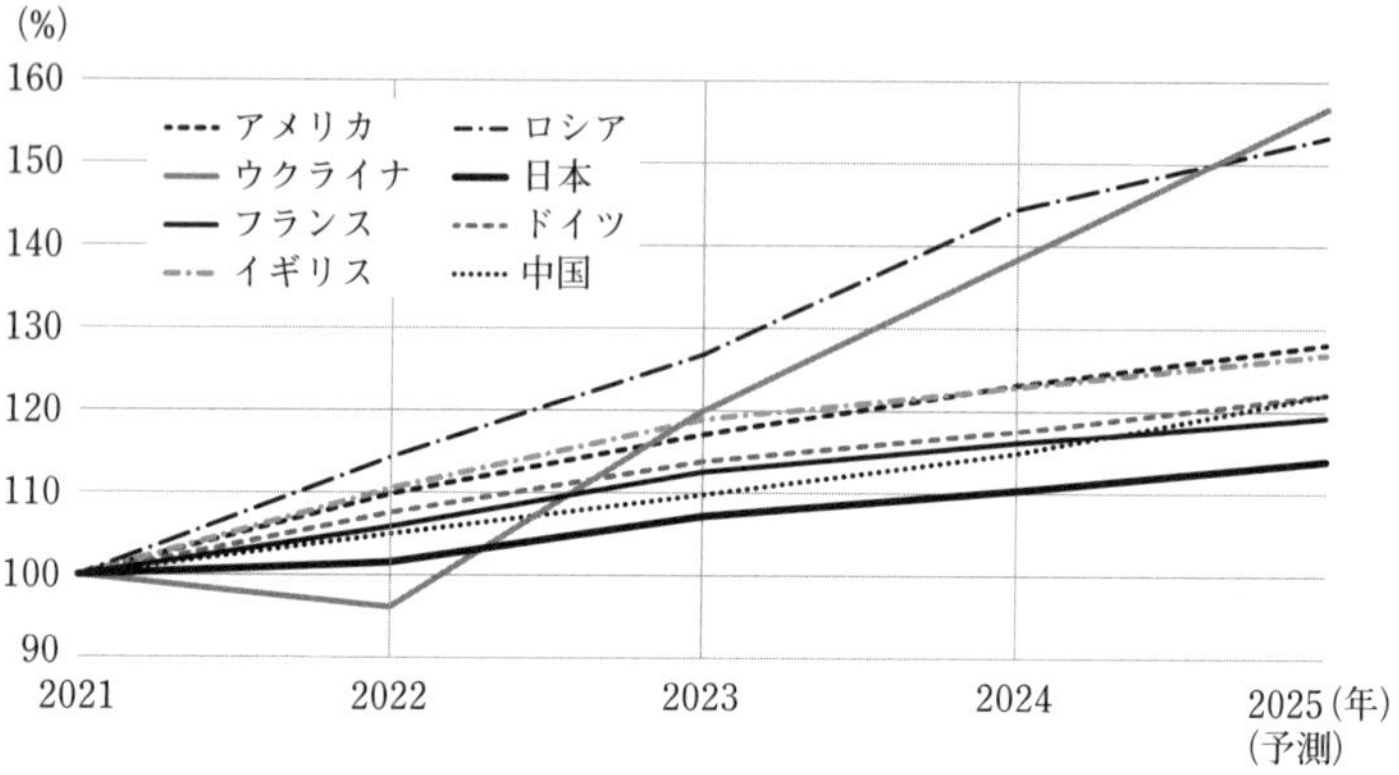

出所：2024 RealClearHoldingm LLCを参考に筆者作成

「リセッションやむなしと判断」とメディアは連日のように伝えた。

米国経済が危機的状況に追い込まれそうになった矢先、ロシアVS.ウクライナの戦争が勃発した。そのためコロナで莫大な利益を手にした医療産業と入れ替わるかのように、米国の軍需産業、要は軍産複合体が息を吹き返した。

以下は、ロシアVS.ウクライナ戦争が勃発した直後から２０２３年までの各国のＧＤＰの推移を示したものである（図21）。米国、欧州、ロシア、そしてウクライナも含めて各国のＧＤＰは、上昇してきた。その要因は実にシンプルで、各国の基幹産業が軍需産業であるからに他ならない。

そこから導き出される答えは、米国を筆頭とする世界各国の株式市場の暴落リスクの拡大である。

■明確に分かれる勝ち組と負け組

ここで改めて申し上げるのだが、別冊版の2024年版と2025年版は、きたる米国経済、ひいては世界経済を読み解く上でワンセットとなっている。

2024年版の中央に配された投票箱は、2024年11月の米国大統領選を意味しており、そのすぐ右隣に描かれた右肩下がりの折れ線グラフのチャートの図柄は始まったばかりである。

先にも論じたが、このチャートは米国株式市場のNYダウ平均株価とUSドルと東京株式市場の日経平均株価の推移を表現している。そして、この3指標は少なくとも向こう3年、長引けば向こう5年間下落し続けることを教示しているように見える。

これを裏付けるのが、2025年版の表紙デザインの中心に描かれているトランプの真上の図柄、右肩上がりの折れ線のチャート図である。これは何を語っているのか？

同表紙は赤と黒のコントラストが基調となっており、赤い枠に囲まれた画像と黒い枠に囲まれた画像が点在する。二つの色に込められた意味は、「赤色は勝ち組」「黒色は負け組」を指している、と私は解釈している。

そして右肩上がりのチャートが黒色の枠で囲ってある。これは政治的・経済的不確実性が増幅されることへの嫌悪感と解釈すべきであろう。景気後退、あるいは崩壊のリスクである不確実性が世界を支配していく模様である。

右肩上がりに上昇するグラフが、必ずしも良い出来事ではない。ブラックユーモアとゴシップ好きな英国人の〝性格〟から、その皮肉たっぷりな見方が窺えて面白くもある。さらにはトランプの左横と下に配されたUSドルの図柄も、同じく黒色の枠の中に描かれている。

何よりも米国内の実状を知悉《ちしつ》するトランプ自身がCNNにおいて、「数年前に想像できなかったことが、目の前で起きている」「米ドルは破壊されており、世界標準ではなくなるだろう。世界の国々は、ドルを放棄するようになる」と言及している。

以上のような観点から、今後のUSドルの価値は下落していき、長期的なドル安トレンドの相場が展開されていくことになると思われる。

２０２５年版表紙で注意すべきは、図柄の最上部のど真ん中に配された土星であろう。これはサタン的欲望が世界に君臨することを意味する。土星を赤色枠内に入れることで、より強調した警告としたのではないか。

その土星の図柄の真下には、黒色枠で米国の大都市のビル群が林立する模様が描かれている。さらにビル群自体が黒く塗りつぶされている。これは世界経済が不況とリセッションに陥ることを示唆しているのではないか。

あるいは米国の大都市が重大な出来事に見舞われることを示唆しているかもしれない。例えば、１９７７年に発生したニューヨーク大停電ではないが、国民の生命、財産に関わるほどの広範囲、長期間に及ぶシステム・ダウンが起きるのかもしれない。

繰り返しになるが、人物を囲った枠の色は、赤色は勝ち組＝生き残り組で、黒色は負け組＝消滅組だとしたならば、その人物の盛衰を表していると見て取れる。

それに従えば、大統領選で圧勝したトランプとロシアのプーチン大統領の二人は赤枠で囲まれており、勝ち組として国際社会の表舞台において生き残り、注目を浴び続ける存在なのだろう。

一方、中国の国家主席の習近平、ＥＵの最高責任者である欧州委員会委員長ウルズラ・

フォン・デア・ライエン、そしてウクライナ大統領のゼレンスキーの勢いは後退し、国際社会の表舞台から退くことを匂わせている。

フォン・デア・ライエン委員長に重なっているプロビデンスの目の中心に、核兵器のマークが配されていることには要注目であろう。大陸間弾道ミサイルICBMなどによる原子爆弾に関する脅威を類推できるからだ。

図柄の中にEV（テスラ）とロケット（スペースX）が描かれているのも興味深い。支配層の面々がイーロン・マスクを敵対視しているのを仄《ほの》めかしており、その両方とも黒枠で囲ってあるのは、ビジネス面では上手《うま》くいかないことを示唆しているのかもしれない。

大統領選に圧勝したトランプが勝利宣言の際、「イーロン・マスクは天才だ」と絶賛したことが、彼らを苛立《いらだ》たせたのではないか。

最後に図柄の最下部に配された女性について記しておこう。彼女は英国の小説家、ジェイン・オースティン。最高傑作は「高慢と偏見」とされ、英国の10ポンド札に彼女の肖像が印刷されている。ここで重要なのは彼女が英国で1775年に生まれたことと、同図柄の最上部に描かれた土星サタンの対極に配されたことであると、私は捉える。

1775年に何が起きたのか？　米英が戦いを繰り広げたのである。米国では「米国革命」あるいは「レキシントンの戦い」、英国では「米国独立戦争」と呼ばれる。英国の海軍力による米国占領に対して、植民地の人々がこれを迎え撃った初めての戦いであった。ジェイン・オースティンの生きた時代は、米国の独立やフランス革命などによって社会が大きな変革にあった時代であった。

ホロスコープの観点から見ると、1775年から250年目にあたる2024年11月20日に、革命・破壊・戦争の象徴である冥王星が、みずがめ座に入った。これらから、社会が革命的な大きな変化に晒されることを暗示しているのかもしれない。以上が、個人的な見立てである。

『THE WORLD AHEAD 2025』のトム・スタンデージの2025年に世界が注目すべきテーマ10点に関しても、特に気になるトピックス7点を要約し、私の考えも述べたい（「　」で囲んでいる部分は、著者が翻訳・要約した）。

「1　America's choice（米国の選択）

米国大統領選挙でのトランプの圧勝は、移民政策や防衛、経済、貿易などのあらゆる面に影響を及ぼすだろう。彼の「アメリカ・ファースト」政策は、アメリカとの同盟の堅固さを問いながら、敵も味方も作り出すだろう。これは地政学的な再編や緊張を生み出し、核拡散にもつながりかねない。」

トランプ大統領の各国への対峙《たいじ》の仕方は、まさに「ディール」、商取引の駆け引きのようだ。国別に負担率の異なる関税をかけたり、条件をつきつけたり、相手国を翻弄し、敵か味方を見極めるようなやり方である。これは米国と相手国との関係を一変させ、国際的な緊張を強いるだろう。具体的には、NATO離脱や米軍撤退による緊張の高まりである。こうした地政学的リスクの高まりに核拡散が絡んで、核戦争の可能性が高まることを、筆者は何よりも危惧している。

「2 Voters expect change（有権者は変化を期待している）

2024年は各地で政権与党がひっくり返った稀にみる「選挙の年」だった。米国や英国では政権交代が起き、インドや南アフリカでは連立を強いられ、フランスや台湾のように保革共存を強いられた国もあった。２０２５年は変化を期待される年になるが、果たして新しいリーダーたちは、変化をもたらすことができるのだろうか？」

２０２４年の各国の政権交代は、米国が最もドラスティックであったが、ほかの国々でも与党への反発が具体的な形となって政権交代が行われたことは驚きの連続だった。いずれもインフレに対する政府の無策や、移民対策への不満の爆発などがあり、人々の右傾化や保守主義の台頭が危ぶまれている。

「３　Broder disorder（より広がる無秩序）

トランプ氏は、ウクライナにロシアとの取引をするよう圧力をかけ、イスラエルにはガザとレバノンでの紛争において自由裁量を与えるかもしれない。アメリカのより取引的な姿勢と、外国との交渉に対する懐疑的な態度は、中国、ロシア、イラン、北朝鮮によってもたらされる「混沌のカルテット」を助長し、危機に見舞われたスーダンで起きたような地域勢力の干渉を助長するだろう。しかし、台湾をめぐる紛争や南シナ海での紛争で、米国が中国に立ち向かうかどうかは不明である。」

この本を読みなおして、最も驚いたのが、この項目であった。この本は２０２４年の11

月に発刊されたが、この原稿を書いている2025年2月にトランプ大統領がウクライナと交渉している内容に近く、その分析力、予測力には目を見張るものがある。続きを読むと、さらに世界的な混沌が深まるようなので、その影響がアジアにまで及ぶのか、日本にどのように影響するのかを考えると、地政学的リスクから目が離せない。

「4 Terrifying prospects（関税の見通し）
米国の中国へのライバル意識は高まり、貿易戦争になるであろう。トランプ氏が米国の同盟国をも含むすべての国々に関税を強化するからだ。保護主義が強まる中、中国企業は貿易障壁を回避し、グローバルサウスの新たな市場を開拓しようとして海外へとより拡大しつつある。すでにメキシコからハンガリーまで工場を建設している中国企業は、別の計画も進めている。」

まさに現在（2025年2月）に起きている、トランプの関税強化の軋轢《あつれき》の中で、中国との対立はますます深まることだろう。中国は国内の不況を相殺するためにも新たな市場が必要だろうが、すでに東欧やメキシコのほかにアフリカまで進出している状況で、新たな進出先を見つけられるのだろうか？　これが今後の世界経済に大きく影響することであろう。

「６　After inflation（インフレ後の政策）
先進国の中央銀行家たちはインフレ退治に成功したと思われたが、西洋経済は、今や新しい課題に直面している。それは増税や、歳出の削減、経済成長の促進などである。さらに多くの国々は防衛予算を増大させなければならないだろう。アメリカでは、トランプの関税政策がより悪い状況をつくるだろう。関税政策は経済の成長を阻害しインフレを再燃させる。」

トランプの当選前の２０２４年秋まで、米国のインフレがなんとか収まりはじめ、FRBが利下げに転じた状況だったのに、トランプの就任により状況は一変した。関税増加や移民の制限などの政策によって、再びインフレが高まることが懸念されている。それを抑えるために、金利が高止まりするようであれば、米国経済がひどい不況に陥るのではないかと筆者は懸念している。

「８　Crunch time for AI（ＡＩ正念場）

ＡＩのデータセンターには1兆ドル以上の巨額の投資が費やされているが、これはビジネス史上最大のギャンブルである。企業はまだその使い方がわからず、採用率も低い。（多くの労働者はこっそり使用しているかもしれないが……）。投資家は冷静さを失うのだろうか。それとも「エージェント」システムの能力が向上して、新たな薬が開発されるなど、ＡＩがその価値を証明するのだろうか？」

ＡＩの発展はめざましく、まさに日進月歩である。人間が数年かかったようなデータ分析が数時間でできるようになれば、新薬の開発は進み、莫大な利益が投資家にもたらされるかもしれない。しかし現在のところ、ＡＩ関連の企業はさほどの利益を出していないにもかかわらず株価が異常に高い会社が多く、バブルの様相を呈していることを筆者は懸念している。

「10　Life of surprises（驚きの人生）

米国大統領暗殺未遂事件、中東でのトランシーバーの爆発事件、テスラの巨大なロケットが地球に戻ってきてブースターに着地できたことなど、２０２４年の教訓の一つは、予測もつかないようなことが実際に起きうるということだ。２０２５年には、どんな信じられないようなことが起こるのだろう。不確かな「ワイルドカード」として、壊滅的な太陽嵐、失われた古代のテキストの発見、さらなる世界的なパンデミックなど、気を付けるべき選択肢がある。」

２０２４年には、確かに想像もできないことが現実に起きた。それは２０２５年も同様なのだろう。最後の突拍子もなく思える三つの例題は、単なる誇張やジョークに過ぎないのだろうか？　私としては、どんなことも起こりうる時代だからこそ、常に情報を集め注意深く周りを見つめ続けることが大切だと思っている。

以上が、「エコノミスト別冊版」の解説だが、私としては、これらをこのまま信じるというよりは、新たな視点も持つことに役立ててほしいと思っている。世界で話題になっていることや途方もない可能性について関心を持つことは、世界の情勢も経済も大きく変化していく２０２５年には必要であり、投資行動にも影響するからである。

投資は自己責任であるのはもちろんだが、この本のすべての情報が、あなたの財産を守ることに役立ち、これからの生活を豊かにしてくれる一助となることを期待してやまない。

おわりに……

２０２５年1月、トランプ政権２・０のＭＡＧＡ（Make America Great Again）政策がスタートした。タッグを組んだトランプとイーロン・マスクが闘う相手は、米国内外を問わず、支配層である既得権益層、米国民主党政権時代に作り上げられた米国内政府職員、米国内諜報機関組織であるＣＩＡにＦＢＩ、そして金融政策の牙城であるＦＲＢ、さらにＥＵ連合、英国、支配層にあたる国際金融資本のＲ・ファミリー、グローバリストの面々など、多様である。

さらには、ＵＳＡＩＤ（米国際開発庁）の職員を大量に解雇し、パナマ運河の返還を求めたり、関税を武器にして対中国包囲網を強行しようとしたり、その動きには目が離せない。

この米国第一主義を前面に押し出し、米国にとって不利益な状況を覆そうとする政策は、米国史上において前例のない改革であることから、改革側にとっては身を危険に曝すほどのリスクを孕んでいることに加えて、多くの血が流されることは避けられないであろう。

一方で、このMAGA政策を全面的にバック・アップしている巨大な組織がある。一つは世界最大かつ最強の軍事力を誇る米軍であり、もう一つは、先のファミリーとは対立関係となっている米国5大財閥の一角の R・ファミリーである。彼らは一大改革を後押しすると同時に、改革者であるトランプ大統領とDOGE推進者のイーロン・マスクをあらゆる身の危険から守る最強のシークレット・サービスともなっているのである。

このチーム・トランプのMAGA政策による大改革は、米国内外、日本にも多大な影響を及ぼすことになる全方位的な〝世直し〟ともなるだろうから私も応援したいが、株式市場や為替市場の史上最大のバブル・オブ・バブル相場がグレート・クラッシュとなることは、決して歓迎できることではない。

そして、グレート・クラッシュまでのカウント・ダウンが始まった。

米国大統領選挙後の2024年末まで上昇トレンドを展開してきたUSドルの株式市場と為替市場の強気相場が、終焉を迎えようとしている。

米国一強時代が終焉するということは、NYダウの100年続いた上昇トレンドの歴史に終止符が打たれることに他ならない。

米国株式市場も東京株式市場もともに、強気相場の最終段階ともなると〝買えば騰がる、騰がるから買う〞という強気のセンチメントは、もはや終わった。相場の最高値近辺ともなると目先の価格の上下だけを見て人々が一喜一憂し、ユーフォリア状態に陥るような相場が展開されていたのだが、今やすっかり景色は変わってしまった。しかしながらこの強気相場は、今、始まった相場ではないと言うことに、早く気づいてもらいたい。

歴史は繰り返すと言うが、2008年のリーマン・ショックの時もそうであった。順調に上昇トレンドを展開していた米国株式市場に、突如《とつじょ》、激震が走った。それは世界の投資家たちが明日をも知れぬ恐怖と混乱に陥り、S&P500株式指数がたったの半年間で50%もの暴落に見舞われたのだ。当時、米国投資銀行リーマン・ブラザーズの破綻の衝撃がトリガーとなって、株式市場がグレート・クラッシュとなったのだ。

そして今日、「DeepSeek・ショック」によって米国大手テック企業であるマグニフィセント7の中でもTOP3に位置しているNVIDIA社の株価が20%も急落したことで、日本の1年分の国家予算に相当する100兆円近くもの莫大な資金がたったの一夜にして吹き飛んでしまうなど、グレート・クラッシュを彷彿《ほうふつ》とさせる相場のサインがいくつも点滅し始めているのだ。

相場が暴落してからでは、もう遅いのである。

リーマン・ショックを経験した当時のFRB議長であったベン・バーナンキは、ここまでひどいことになるとはFRBのメンバーの誰も予想できなかった、と後に述懐していることも記しておきたい。

株式市場にしろ、為替市場にしろ、メジャー・メディアのコメントには、つくづく落胆させられる。今の価格、今の指数、今の株価、今の為替のレートがどうなるのかを説明することに重点を置いているだけで、物事の本質がまったく見えていないのだ。

企業の実質的な財務状況や収益力や将来的な収益率にフォーカスしたならば、今ある価格が、常識的に考えて、その企業があるべき、その指数があるべき、その相場があるべきレベルからいかに逸脱しているかが理解できよう。

異常なまでに押し上げられた過大評価に、マーケットがはたと気がついた時、そのフェアー・バリューが実際にいくらなのかを一気に求めるがため、常軌を逸したスピードで金融暴落となり、グレート・クラッシュを呼び込んでしまうことになるのである。

ここまで読んでいただいた読者の皆さまと今一度、相場の大局観を共有し、確認させていただきたい。史上最大のバブル相場が、いかにしてでき上がったのかを理解すれば、グローバル・マクロ・エコノミーの全体像をご理解いただけると思われるからだ。

リーマン・ショックで金融暴落・株式暴落を経験した世界の中央銀行は、異次元の量的・質的金融緩和の名のもとに、政策金利をゼロ金利にいたるまで引き下げ、そしてQEの名のもとに莫大な金額の量的緩和を遂行した。数十兆ドル（数千兆円）もの史上空前で前例のない巨額資金を金融市場にばらまいた。これがそもそものバブルの始まりである。

その莫大なマネーが株式市場へ流入した結果、NYダウ平均株価も日経平均株価も4万超えとなるバブル相場が形成されたのである。

今、バブル相場のおおもととなった莫大な資金は、世界の中央銀行による金利の引き上げと量的引き締めによって、金融市場から引き上げられている。

要するに、史上最大のバブル相場を逆回転させていることに他ならないのである。『トランプ経済 グレート・クラッシュ後の世界』は、それでも最終的に逃げ遅れて個人ベースの資産のリ・アロケートができなかった方々のことを前提にして、次の一手を考察した内容にしてあるので、参考にしていただければ幸いである。

ある講演の時に、読者の一人から嬉《うれ》しい悩み事を聞く機会があったのでご紹介したい。その悩み事とは、「第一弾の『金融暴落！ グレートリセットに備えよ』を読んで、ゴールドを購入した。その後、かなりの含み益となっているのは良いのだが、そこそこの量を、どこに保管しておいたら安全だろうか?」というものであった。

自分の書籍を読者に理解していただき、実際の資産防衛に役立ったことの御礼を初めて言われたことは、筆者冥利《みょうり》に尽きることだった。

読者の皆さまと著作にかかわっていただいた集英社の皆さま、ここまでお付き合いいただき、本当にありがとうございます。とともに、本書を通して皆さまとのご縁をもたらせてくれた大いなる存在に心より感謝いたします。

2025年　3月初め　　東京にて　　岩永憲治

岩永憲治（いわながけんじ）

熊本出身。陸上自衛隊に所属後、精鋭部隊であるレンジャーの養成課程に選抜される。自衛官となるか大学に進学するかを迷ったのち、見識を深めるために四年制大学への進学を決意。在学中にアルバイトの派遣先として外資系銀行のディーリング・ルームに配属され、やがて外国為替の売買に携わるようになる。1987年、明治大学政治経済学部卒業と同時に、外資系大手銀行に就職し、プロフェッショナルの為替トレーダーとなる。英、米、豪、スイス、カナダ各国の、世界に名だたる銀行で、30年以上、トレーディングの最前線で研鑽を積んだ後、各銀行においてセールス部門のヘッドとして、日本のトップ・クラスの会社とのビジネスに携わる。財務省の担当（MOF担）や日本銀行の担当（BOJ担）としても従事した。その後、一定期間のブランクを経て、金融コンサルティングを再開。現在、IWAグローバル経済研究所 代表。
著者に『金融暴落！　グレートリセットに備えよ』（集英社）。

岩永憲治　Xアカウント
@y8sLQ57OkrahWe6

ブックデザイン／宮坂 淳（Snowfall）

トランプ経済《けいざい》
グレート・クラッシュ後《ご》の世界《せかい》

二〇二五年三月三十一日　第一刷発行
二〇二五年五月二十五日　第二刷発行

著　者　岩永憲治《いわながけんじ》
発行者　樋口尚也
発行所　株式会社　集英社
〒一〇一－八〇五〇　東京都千代田区一ツ橋二－五－一〇
電話　編集部　〇三－三二三〇－六一四一
読者係　〇三－三二三〇－六〇八〇
販売部　〇三－三二三〇－六三九三（書店専用）
印刷所　株式会社ＤＮＰ出版プロダクツ
製本所　株式会社ブックアート

 ISBN 978-4-08-786141-9　C0033